vivência de indiferença
do trauma ao ato-dor

vivência de indiferença
do trauma ao ato-dor

Eurema Gallo de Moraes | **Mônica Medeiros Kother Macedo**

Casa do Psicólogo®

© 2011 Casapsi Livraria e Editora Ltda.
É proibida a reprodução total ou parcial desta publicação, para qualquer finalidade,
sem autorização por escrito dos editores.

1ª Edição
2011

Editores
Ingo Bernd Güntert e Juliana de Villemor A. Güntert

Assistente Editorial
Aparecida Ferraz da Silva

Capa e Projeto Gráfico
Carlos Thunm

Editoração Eletrônica
Sergio Gzeschenik

Produção Gráfica
Fabio Alves Melo

Preparação de Original
Luciane Helena Gomide

Revisão
Lucas Torrisi Gomediano

Dados Internacionais de Catalogação na Publicação (CIP)
(Câmara Brasileira do Livro, SP, Brasil)

Moraes, Eurema Gallo de
  Vivência de indiferença : trauma ao ato-dor / Eurema Gallo de
Moraes, Mônica Medeiros Kother Macedo. -- São Paulo : Casa do
Psicólogo®, 2011.

  Bibliografia.
  ISBN 978-85-8040-043-4

  1. Ferenczi, Sandor, 1873-1933 2. Freud, Sigmund, 1856-1939
3. Inconsciente 4. Psicanálise 5. Psicologia clínica 6. Psicoterapia 7. Sujeito
(Psicologia) 8. Trauma psíquico I. Macedo, Mônica Medeiros Kother.
II. Título.

11-02574   CDD-150.195

Índices para catálogo sistemático:
1. Trauma psíquico : Teoria psicanalítica : Psicologia 150.195

Impresso no Brasil
Printed in Brazil

*As opiniões expressas neste livro, bem como seu conteúdo, são de responsabilidade de seus
autores, não necessariamente correspondendo ao ponto de vista da editora.*

Reservados todos os direitos de publicação em língua portuguesa à

Casapsi Livraria e Editora Ltda.
Rua Santo Antônio, 1010
Jardim México • CEP 13253-400
Itatiba/SP – Brasil
Tel. Fax: (11) 4524-6997
www.casadopsicologo.com.br

Aos analisandos, que nos permitem encontrar na escuta a motivação para produzir Psicanálise.

sumário

9.... Introdução

21.... Capítulo I
Trauma: enlaces teóricos e
desdobramentos da técnica

39.... Capítulo II
A vivência de indiferença e o ato-dor:
articulações de intensidades

55.... Capítulo III
Construção do si mesmo no cenário de
indiferença

77.... Capítulo IV
As manifestações de dor em ato e a
potencialidade clínica

93.... Capítulo V
Sobre o devir

Introdução

INTRODUÇÃO

anotações

O legítimo compromisso com a Psicanálise reside em vitalizar constantemente o ponto de identificação com a capacidade interrogativa de Sigmund Freud. Foi esse homem que, ao explorar um continente da alma humana, o inconsciente, ampliou a condição do homem como representante de sua espécie, inscrevendo-o na singularidade de ser. A partir da Psicanálise, e especialmente de seu fundador, o homem é também o *sujeito de inconsciente*. Essa condição irreversível de ser sujeito de inconsciente desconstrói um pensamento linear, subverte a noção dogmática de realidade e torna possível ao homem o acesso a uma condição de liberdade e autonomia em que nada está determinado e em que tudo pode *vir a ser*.

A vitalidade da Psicanálise reside exatamente neste aspecto, na sempre atual e inesgotável posição de respeito à singularidade humana e na defesa de uma visão que remete a uma forma coerente de pensar a estruturação do sujeito psíquico. Ao descrever um sujeito clivado em si mesmo na existência do inconsciente, Freud iguala e, no mesmo movimento, singulariza todos e cada um. A partir do enunciado teórico de inconsciente, Freud evidencia um movimento peculiar de elaboração da noção de subjetividade. No compromisso com essa *descoberta*, alicerçou o corpo teórico da Psicanálise.

Aquilo que nasceu da escrita do criador da Psicanálise, motivado por suas indagações, vai não só além de seu tempo, mas também além de seus propósitos iniciais. Nos textos freudianos, há tanto a coerência de uma teoria que propõe um modelo de psiquismo aberto quanto um pensador que deixou como legado uma obra em aberto. Da primeira situação resultou um modelo de psiquismo que é continuamente convocado a metabolizar e processar o que nele ingressa, evidenciando uma singular relação com o que está fora dele; da segunda, nasceu uma espécie de convocatória a seguir ampliando, ressignificando e garantindo, então, a

anotações

pertinência dos fundamentos psicanalíticos. Ao se reconhecer a vigência dos fundamentos da Psicanálise e tomá-los como ponto de referência, impulsiona-se nova trajetória por caminhos relativos tanto aos aportes teóricos como às inquietações nascidas na clínica.

Percorrendo a obra de Sigmund Freud, encontra-se, na construção do corpo teórico da Psicanálise, a recomendação para que se façam reflexões sistemáticas sobre inquietações emergentes da experiência psicanalítica acionando, dessa forma, um processo de retorno reflexivo em relação aos enunciados anteriores. Esse movimento procura evitar e desfazer fórmulas despojadas de sentido e equivocadas devido a rápidas interpretações, as quais podem ser oriundas de um exercício de escuta pré-concebido. São as exigências da clínica que possibilitam aos psicanalistas manter um debate entusiasmado com os ensinamentos freudianos. O desenvolvimento teórico da Psicanálise segue uma trajetória sinuosa; entre idas e retornos, observam-se avanços e reordenamentos, mas não é permitido engessar o pensamento em uma condição limítrofe, uma vez que o legado de Freud prima por interrogações irrestritas, as quais permitem o repensar contínuo a respeito das construções teóricas sobre as incessantes inquietações nascidas na clínica.

Produzir, em Psicanálise, significa manter os pressupostos que viabilizaram a ruptura epistemológica radical que teve início quando Sigmund Freud teorizou e inseriu no contexto clínico a complexidade do ato psíquico. A originalidade da descoberta freudiana mostra-se irredutível a critérios científicos que priorizem métodos pré-estabelecidos de avaliação e validação, chegando até mesmo, como propõem Major e Talagrand, a subvertê-los mediante a insistência "numa tensão entre a consistência da teoria e sua aplicação subjetiva" (2007, p. 31).

A Psicanálise surge no contexto da ciência moderna, mostrando-se, desde o início, portadora de uma concepção própria em relação ao que é *saber*, ao que é *verdade* e, principalmente, ao que é *sujeito*. O sujeito da Psicanálise é dividido entre inconsciente e consciente, entre realidade psíquica e realidade captada pela percepção-consciência (Penna, 2003). O saber, na Psicanálise, não é o saber da racionalidade, o qual se estrutura pela lógica da totalidade e cuja pergunta pode ser

esgotada por uma resposta que desconheça a singularidade de quem enunciou o *não saber*. Trata-se, na Psicanálise, de uma verdade que não se dá a conhecer por si mesma, mas sim que exige do sujeito um trabalho de construção e produção de um saber que contém uma dimensão de ignorância, a qual remete à existência do inconsciente.

Uma das importantes consequências da ruptura epistemológica viabilizada pela Psicanálise diz respeito ao descentramento do sujeito de um lugar de domínio e saber. A partir de então, abrem-se brechas e sofre importante abalo a certeza humana a respeito da motivação de suas ações.

A teoria psicanalítica problematiza o cerne da existência humana ao colocar em questão a estruturação e o funcionamento do *si mesmo*. Na vitalidade da técnica e no alcance do método psicanalítico a teoria é sempre posta em ação. A noção de inconsciente para Freud adquire vigor na medida em que o leva a pensar sobre as leis que organizam o funcionamento do psiquismo, assim como em suas modalidades de manifestação. É exatamente nos pontos de abertura do pensamento freudiano que se pode constatar que sua indiscutível descoberta não se restringe à proposição de um *conceito* de inconsciente. Essa descoberta diz respeito a uma importante ruptura na forma de pensar o sujeito, a qual se faz presente nas articulações que viabilizam apreender a complexidade da Psicanálise como teoria, método e técnica.

Na história da Psicanálise encontra-se o nascimento de um sistema conceitual – a teoria –, um procedimento de investigação psíquico – a técnica – e um caminho de acesso e compreensão do padecimento humano – o método. Ressalta-se a relação interdependente entre esses eixos que definem e norteiam a Psicanálise, uma vez que são atravessados por um fio condutor que lhes dá consistência e coerência. No pensamento de Hornstein (1989), a aplicação técnica da Psicanálise deveria ser sempre uma prática de sua teoria. A inter-relação entre os três eixos, necessária a todo exercício de escuta analítica, fica esclarecida nas palavras do autor:

> Uma teoria que não tenha método e técnica não tem campo de confrontação, já que através da aplicação técnica surgem novos materiais que permitem retificar, reelaborar e ampliar o campo teórico. Da mesma forma, uma técnica

anotações

que não esteja baseada em um conhecimento teórico daquilo que pretende transformar gera uma prática cega que se esteriliza. (p. 23)

Este livro nasce das inquietações geradas no exercício da clínica psicanalítica contemporânea. A produção das ideias aqui apresentadas pretende ser um exercício teórico e técnico a respeito do método psicanalítico associado a uma temática que se acredita pertinente aos tempos atuais. Os ensinamentos freudianos deixaram sempre muito grifada a preocupação com uma leitura dos fenômenos humanos que demarcasse a diferença entre realidade psíquica e realidade externa. Nesse sentido, não fica negada a inter-relação entre elas, mas sim as diferenças que as constituem. Na medida em que o livro se propõe a explorar a temática do trauma, cabe definir qual será a via tomada para essa abordagem.

O conceito de trauma surge inicialmente no texto freudiano como resposta a um excesso real e, considerando as transformações que a Psicanálise sofreu, teve seu reaparecimento também em um contexto de guerra e destruição. Inegavelmente, o trauma pensado e proposto pela Psicanálise não se restringe aos limites da realidade externa, mas, ao contrário, evidencia os inegáveis efeitos desta no psiquismo. Ao serem observados os efeitos do traumático no psiquismo, descortina-se um cenário que permite tanto uma leitura como uma compreensão além da restrita visão de causa e efeito. Logo, reconhecer o efeito traumático no sujeito é adentrar o campo da singularidade e considerar os recursos intrapsíquicos para dar conta de algo que faz referência à categoria do excesso.

Tendo a clínica como cenário da convocação para fazer trabalhar a teoria, encontram-se, no exercício da escuta, os desafios que movem o trabalho investigativo. É a fala sobre o excesso, sobre aquilo que por sua desmesura aprisiona o sujeito nas teias da repetição, que põe em evidência a dimensão mais crua do padecimento humano. Produzir, em Psicanálise, tomando como eixo o conceito de trauma, significa adentrar o universo daquilo que atordoa o sujeito e que tem origem no campo do vivido. A intensidade do experimentado impacta e produz inquietações que desacomodam qualquer concepção pré-estabelecida. Portanto, frente à

intensidade do que se presentifica constituindo os desafios da clínica, principalmente no que diz respeito à expressão do traumático, cabe ao analisando construir recursos de palavra para nomear o trauma e cabe ao analista a capacidade de escutar e escutar-se, assim como de lançar mão do recurso da produção teórica e técnica para sustentar um encontro verdadeiramente analítico. No intuito de desenvolver um raciocínio a respeito do trauma, encontram-se, nos aportes freudianos, pontos de ancoragem para a proposição de uma metapsicologia do trauma, a qual se sustenta nos argumentos a respeito do enlace entre traumático, vivência de satisfação, vivência de indiferença, ato-dor e construção do si mesmo. Todos esses argumentos desembocam, na clínica psicanalítica atual, em uma configuração de psicopatologia que, como expressão de pulsão de morte, irrompe em suas peculiares repetições o espaço transferencial, acionando na contratransferência o exercício ético da escuta.

A produção teórica e clínica a respeito do trauma possibilitaram a construção de um texto que tem como ponto de partida o resgate, na Psicanálise, do efeito tanático daquilo que efetivamente foi experenciado. Ao enfatizar a relevância do acontecido, buscam-se aportes em Sigmund Freud e Sándor Ferenczi, os quais, com suas contribuições, permitem uma interlocução a respeito dos efeitos entre realidade externa e realidade psíquica. Se Freud é o pioneiro na forma de abordar o trauma, e em sua obra encontra-se a constante possibilidade de repensar a inserção desse e de outros conceitos psicanalíticos, em Sándor Ferenczi encontra-se um retorno, mas um retorno original à produção teórica e clínica relacionada àquilo que foi efetivamente vivido.

Reconhecer os fundamentos históricos da Psicanálise, assim como assumir a influência que eles têm como argumento em posteriores desdobramentos teóricos e técnicos não significa restringir o pensar a Psicanálise àquilo que foi recebido. São as históricas proposições freudianas sobre o trauma que alicerçam a proposta aqui apresentada e desenvolvida sobre o trauma, porém acredita-se contribuir com um novo argumento para pensar a clínica psicanalítica contemporânea quando se somam à herança recebida os conhecimentos que advêm de uma clínica que constantemente interroga o alcance da Psicanálise.

Fazer trabalhar o legado é fazer trabalhar o recebido, mas é também exercer a autonomia de criar recursos que permitam uma ampla compreensão das manifestações de padecimentos psíquicos na clínica psicanalítica contemporânea. Propõe-se na apresentação e no desenvolvimento das ideias neste livro a construção de uma argumentação teórica articulada às contribuições de autores contemporâneos que revigoram e ampliam o pensamento analítico. Os capítulos deste livro abordam o trauma e seus desdobramentos tanto no processo de construção do si mesmo quanto nas configurações de dor psíquica.

No Capítulo I, "Trauma: enlaces teóricos e desdobramentos da técnica", toma-se como ponto de partida o que nasce da escrita do criador da Psicanálise e que sustenta um modelo de psiquismo continuamente convocado a metabolizar e processar o que nele ingressa. O eixo central desse capítulo está nas reflexões a respeito do texto freudiano "Proyecto de Psicologia", de 1895, especialmente, nas proposições à respeito da vivência de satisfação. A situação descrita como encontro primordial entre a criança e o semelhante serve como argumento para as proposições a respeito da configuração do trauma, que tem no acontecimento a essência de sua implantação. Explora-se a importância daquilo que se inscreve na especificidade do trauma e constitui elemento inicial de uma matriz a ser reproduzida via aprisionamento psíquico do sujeito.

No Capítulo II, "A vivência de indiferença e o ato-dor: articulações de intensidades", são apresentados os conceitos de *vivência de indiferença* e de *ato-dor*, no intuito de desenvolver uma metapsicologia do trauma. Parte-se de textos freudianos que fundamentam uma leitura sobre o trauma incluindo os aspectos econômicos, dinâmicos e tópicos. Apresenta-se, nesse capítulo, a dinâmica própria a uma economia psíquica sob o domínio de aprisionamento e de repetição. É na articulação dessas proposições conceituais que se desenvolve a compreensão que alicerça o singular processo de construção do si mesmo.

A complexidade presente no campo intersubjetivo permite conceituar a indiferença como uma modalidade de falha no encontro com o semelhante. Os percalços da história inscrita nesse registro, ou seja, no registro da usurpação, dá subsídios para definir o ato-dor como produto resultante desse modelo identificatório. Afirma-se ser a vivência de indiferença a matriz do trauma que terá no ato a via de expressão de intensidades.

Dessa forma, no Capítulo III, "Construção do si mesmo no cenário de indiferença", recorre-se ao conceito freudiano de narcisismo, inscrevendo-o no cenário marcado pela experiência de indiferença. A concepção de narcisismo permite sublinhar a importância da presença do outro no processo de estruturação do psíquico. Mais do que uma presença, trata-se de recortar as contribuições freudianas que se referem à qualidade das relações existentes entre o eu e seus objetos. O estudo sobre as identificações possibilita a apresentação de uma noção do si mesmo numa perspectiva da incorporação daquilo que foi ofertado e que passa a ter uma função de matriz no campo da alteridade.

No Capítulo IV, "As manifestações de dor em ato e a potencialidade clínica", o leitor é convidado a adentrar o cenário clínico. As manifestações de dor em ato, assim como a potencialidade clínica que reside no exercício ético da escuta, permitem acompanhar o raciocínio que evidencia o necessário enlace entre teoria e técnica. Nesse capítulo, constatam-se as fronteiras existentes entre as modalidades de padecimentos psíquicos, assim como as potencialidades clínicas que decorrem desse reconhecimento.

O Capítulo V, "Sobre o devir", finaliza a exposição de ideias e reafirma a motivação para produção em psicanálise a partir da escuta analítica. É exposto nesse capítulo o valor da capacidade interrogativa e sua relevância na possibilidade de investimento no futuro *da* e *na* Psicanálise.

Vivência de indiferença: do trauma ao ato-dor é, portanto, um livro que nasce da experiência na clínica psicanalítica e que propõe um incessante movimento de interrogação sobre ela. A escuta de analisandos cujas histórias contam o efeito de experiências reais abre espaço para produzir teoria, assim como revisar e ampliar recursos técnicos. Esses padecimentos psíquicos que têm no excesso a mola propulsora dos atos denunciam o prejuízo de uma vivência marcada pela ausência do reconhecimento da diferença que a presença do outro aporta. Trata-se da expressão de uma

anotações

economia psíquica com importante prejuízo da disponibilidade para amar-se, nomear-se e cuidar-se. A falha nesses movimentos reflexivos em relação ao si mesmo origina os impedimentos que comprometem o exercício de alteridade e denuncia as fraturas na construção do si mesmo.

Inspirando-se na definição de *revolta*, pensada por Kristeva (2000) como alusão a retorno, deslocamento e mudança, este livro convida a que se retome o conceito de trauma em uma leitura sobre os padecimentos psíquicos que se manifestam em ato. Essas formas de padecimentos ficaram, por muito tempo, na Psicanálise, associadas a uma definição de *revolta* na linha da negatividade, na "mera impugnação de normas, valores e poderes estabelecidos" (Kristeva, 2000, p. 13). A *re-volta* proposta está no sentido de priorizar a interrogação "e o deslocamento do passado" (p. 13). Segundo Kristeva, "o futuro, se existe, depende disso" (2000, p. 13). Assim, a fim de que haja uma possibilidade para aquele que padece de dor em ato, é necessário, no campo analítico, dar espaço a uma *re-volta* na teoria, no método e na técnica. Essa *re-volta* permite *re-tomar* a singularidade da história desse ato. Ao interrogar o passado, o sujeito desloca o estabelecido, podendo encontrar na potencialidade da revolta uma outra dimensão de futuro.

Ao ocupar-se da clínica psicanalítica contemporânea, os argumentos desenvolvidos buscam contribuir, com uma produção teórica e técnica, para a defesa da vitalidade de um pensamento sobre o sujeito e seus padecimentos. Na vigência do exercício de um livre pensar e na reafirmação da clínica como o principal nascedouro da teoria, é compartilhado com o leitor o produto de investigações que foram além de seus propósitos iniciais.

As inquietações nascidas nas produções de teses de doutorado – *Perversão: a analisabilidade de um destino em cena* (Moraes, 2006) e *Tentativa de suicídio: o traumático via ato-dor* (Macedo, 2006) – possibilitaram ampliar a compreensão dos efeitos do vivido na vigência do desamparo humano. Por meio da construção de argumentos teóricos a respeito do trauma, constatou-se o quanto a matriz de uma vivência de indiferença fornece subsídios teóricos e técnicos para aprofundar questionamentos oriundos da clínica.

A construção deste livro foi permanentemente acompanhada pela preocupação em não criar uma falsa impressão de que a psicopatologia aqui explorada seja atribuída a uma "criação" contemporânea. Confundir a influência do real sob o psiquismo com uma construção de subjetividade determinada unicamente por padrões sociais e culturais de uma época incorre no equívoco de deixar à margem aspectos da complexidade humana que independem do tempo histórico. Um modelo de subjetividade, sem dúvida, leva em conta as influências da história social e econômica, porém o psiquismo não se restringe à subjetividade. Na leitura do trauma que põe o *ato-dor* como expressão de intensidade da *indiferença*, efetivamente experenciada, não se pode furtar de reconhecer o valor do sujeito de inconsciente. O valor do trabalho com a Psicanálise reside exatamente em possibilitar ao sujeito o conhecimento e o reconhecimento sobre si mesmo em uma dimensão que tem no inconsciente a essência da condição humana.

anotações

REFERÊNCIAS BIBLIOGRÁFICAS

Freud, S. (1895/1976). Proyecto de Psicología. In J. Etcheverry (Org. e Trad.), *Obras Completas de Sigmund Freud* (Vol. 1, pp. 323-436). Buenos Aires: Amorrortu.

Hornstein, L. (1989). *Introdução à psicanálise*. São Paulo: Editora Escuta.

Kristeva, J. (2000). *Sentido e contrassenso da revolta: poderes e limites da psicanálise I*. Rio de Janeiro: Rocco.

Macedo, M. M. K. (2006). *Tentativa de suicídio: o traumático via ato-dor*. Tese doutorado, Pontifícia Universidade Católica do Rio Grande do Sul, Porto Alegre.

Major, R., & Talagrand, C. (2007). *Freud*. Porto Alegre: L&PM.

Moraes, E. G. (2006). *Perversión: analisabilidad de um destino em escena*. Tese de doutorado, Universidad Autônoma de Madrid, Madrid.

Penna, L. M. (2003). *A psicanálise e universidade: há transmissão sem clínica*. Belo Horizonte: Autêntica.

Capítulo I

Trauma: enlaces teóricos e desdobramentos da técnica

A Psicanálise nasceu no desafio de se decifrar o que se expressava no corpo, todavia não encontrava nele recursos de compreensão. Quando Freud abordou o sofrimento histérico de uma perspectiva que abandona o olhar e constrói a condição de escutar, criou-se um novo recurso de investigação dos padecimentos humanos.

A clínica da histeria, ao suscitar inquietações, gerou teoria e fez a Psicanálise contemplar em si mesma um corpo teórico, um método investigativo e um conjunto de recursos técnicos para pensar de forma singular a condição humana. Cada vez mais se trata no cenário psicanalítico de se compreender o que remete à singularidade de uma história, ou seja, a construção de uma psicopatologia, na qual os recursos utilizados não são codificações nem se limitam à descrição de comportamentos. O padecimento humano, sob a ótica da Psicanálise, demanda um trabalho de escuta e impõe a condição de um não saber prévio sobre o que está na origem desse padecimento. Não se trata de confirmar um saber *a priori*, mas sim da instauração de condições de escuta do singular de uma história.

O tema do trauma adentra o texto da obra freudiana, estreitamente ligado à realidade do vivido. Na decepção gerada frente aos impasses da clínica da histeria, o primeiro movimento de Freud é abandonar suas hipóteses sobre o trauma. Uma leitura atenta do texto freudiano permite, porém, afirmar que o que se abandona é a ideia de uma única configuração de trauma: aquela ligada a uma cena real de abuso sexual. O conceito de fantasia não só ganha espaço, mas também expõe os limites de um conceito. Ou seja, não é possível pensar em todas as manifestações de padecimento sob um único ponto de vista.

A clínica exige a mobilidade e a disponibilidade à interrogação. O exercício clínico leva à produção de teorias. Um movimento contrário denuncia o engessamento da escuta. Por isso, a fantasia traz ao cenário clínico a importância da discriminação entre realidade interna e realidade externa, ou seja, não se trata de excluir a relevância da realidade externa na produção de subjetividade.

Encontram-se, no texto freudiano "Proyecto de psicologia", de 1895, elementos que permitem afirmar o papel

fundamental da experiência de encontro com o semelhante na estruturação do aparelho psíquico (Freud, 1895/1976). A proposta aqui não é questionar a produção fantasmática oriunda das experiências, mas sim resgatar e destacar a menção que Freud (1895/1976) faz daquilo que efetivamente acontece na situação em que a criança se encontra com o outro e os efeitos psíquicos que daí se originam.

Entre tantas ideias citadas por Freud como motivadoras desse estudo, destaca-se a que ele nomeia como primeira proposição principal: *a concepção quantitativa*. Essa é assim apresentada:

> ... está extraída diretamente de observações patológico-clínicas, em particular daquelas em que se trata de umas representações hiperintensas, como na histeria e na neurose obsessiva, em que, como se demonstrará, o caráter quantitativo ressalta com mais pureza que no caso normal. (Freud, 1895/1976, p. 340)

Destaca-se, nessa referência, o fato de ser nas *observações patológico-clínicas* que algo da ordem do excesso ou das representações *hiperintensas* chama a atenção do criador da Psicanálise.

Percebe-se no texto de 1895 o trabalho investigativo empreendido por Freud visando a compreender aquilo que, nomeado inicialmente como quantidade, provocará em termos de complexidade psíquica. Um dos fundamentos essenciais na rota percorrida por ele está descrito no tópico XI: "A vivência de satisfação". O raciocínio aqui desenvolvido propõe que *a experiência* leva a uma alteração interior, ou seja, um estado de tensão requer uma intervenção a qual deixará *uma alteração* posterior. Freud (1895/1976) descreve a vivência de satisfação da seguinte forma: "o organismo humano é no começo incapaz de levar a cabo a ação específica. Esta sobrevém mediante 'auxílio alheio': pela descarga sobre o caminho da alteração interior, um indivíduo experimentado adverte o estado da criança" (p. 362). Dá-se, portanto, nesse encontro, que advém de uma demanda da condição de desamparo e requer a capacidade de realização de uma ação específica que lhe atenda, não apenas uma vivência de satisfação, mas uma *experiência de complexidade*. Trata-se de uma experiência no sentido de

ser algo *efetivamente* vivido, experenciado e sentido. Tal afirmação pretende destacar na proposição de trauma, abordada neste livro, a importância que tem no terreno metapsicológico aquilo que diz respeito *ao que é experenciado.* Recupera-se na descrição da vivência de satisfação *o caráter de realidade* que norteia o atendimento (ou não) da demanda da criança. Não se deve confundir a realidade do acontecido com a ausência de complexidade em relação a seus efeitos psíquicos.

A complexidade dá conta de um ingrediente de *ignorância* como um atributo da dupla que experencia esse encontro. Do lado daquele que demanda, necessita e solicita com base em seu organismo físico, encontra-se uma intensidade que não é capturada em uma atribuição de sentido nem tampouco resulta em uma ação que a extinga, devido ao estado incipiente de seu psiquismo. Já em relação ao adulto (indivíduo experimentado) que executa a ação específica, *a ignorância* refere-se àquilo da ordem da sexualidade que, sem ter consciência, ele oferece concomitantemente ao atendimento do estado de desamparo da criança. À condição de apaziguamento da necessidade, soma-se a oferta de algo que não foi demandado, mas que, a partir de então, marca o início do complexo processo de organização psíquica.

Cabe destacar a relevância não só da situação de encontro, mas também daquilo que fica *impresso* psiquicamente desde então. Nessa direção, Figueiredo considera que

> De início estamos todos, assim, "dentro" dos outros, sejam os outros família, classe social, nação, tradição, sistema linguístico etc. É este "outro", anterior ao "eu", ao "tu" e ao "ele", é este "outro" indiferenciado – e que nesta medida precede a emergência da alteridade – que antes de aprendermos a fazer e a dizer "eu fiz", antes de aprendermos a pensar e a dizer "eu pensei", antes de querermos e dizermos "eu quero" já faz, já pensa, já quer e já sente por nós. (1991, p. 29)

Em vista disso, será o outro que antecipa ao eu, por meio de seu desejo e seu discurso, algo que, posteriormente, frente a um processo de autoapropriação de sua história, dará forma e conteúdo ao si mesmo. Nessa linha de raciocínio, a situação de encontro descrita no "Proyecto" com o título de

anotações

vivência de satisfação descreve a ação de um "indivíduo experimentado" e capacitado a advertir o estado de necessidade da criança. Trata-se de uma experiência na qual a condição desse outro será determinante na *qualidade* da experiência efetivada. Faz diferença, portanto, a qualidade psíquica desse outro "indiferenciado" no qual, do ponto de vista do eu incipiente, confunde-se o eu e o não eu.

Nesse movimento primeiro de "estar dentro do outro", conforme descreve Figueiredo (1991), pode-se considerar que as condições da vivência psíquica desse primitivo *alojamento* interferem significativamente no posterior e necessário processo de *desapropriação do outro* decorrente da construção e apropriação *do si mesmo* pelo sujeito. Nesse tempo primeiro, o *Eu* em sua condição indiscutível de desamparo físico e psíquico ficou à mercê daquilo que o outro lhe oferece. O *Eu* alojado no outro cria, ou não, recursos psíquicos para empreender um processo que lhe permita *ser* um outro na relação com outros *Eus*. Ter sido visto como um outro para o outro primordial abre as vias para que o *Eu* possa, posteriormente, investir o outro no campo da alteridade.

O texto freudiano de 1895 aborda temas que permitem tecer um pensamento a respeito do humano cada vez mais distante de uma linguagem biologizante. Na escrita de Freud, desenham-se conceitos de abertura em relação ao processo de construção do psiquismo.

Neste livro, que tem o trauma como eixo central de raciocínio, destaca-se a importância do semelhante e suas funções inaugurais em relação à qualidade das primeiras marcas psíquicas. Nesse sentido, não se trata apenas da presença de um outro, mas também da instauração de uma complexidade inaugurada no encontro assimétrico entre criança e adulto.

A noção de complexidade intrínseca à situação experimentada com o outro se expressa nas palavras de Bleichmar:

> O fato de que os seres humanos sejam crias destinadas a humanizar-se na cultura marca um ponto inquestionável de sua constituição: a presença do semelhante é inerente a sua organização mesma. No outro se alimentam não somente nossas bocas, mas nossas mentes; dele recebemos junto

com o leite, o ódio e o amor, nossas preferências morais e nossas valorizações ideológicas. O outro está inscrito em nós, e isto é inevitável. (2005, p. 28)

O aspecto inevitável implica que a transformação de um ser humano em sujeito psíquico pressupõe a experiência com o semelhante. A importância do outro no processo de humanização pode ser atribuída à condição inerente de desamparo que marca o sujeito desde o nascimento.

Ao retomar a concepção de desamparo em Freud, Soler (2007) destaca o aspecto econômico, ao referir que "há desamparo quando o sujeito se encontra confrontado com uma quantidade de excitação e não tem forças para suportá-la, ou canalizá-la ou reparti-la" (p. 147). A autora considera que, no desamparo, o trauma implica o sujeito, abordando a relação entre o real e o sujeito. Dessa condição de desamparo resulta a importância da função do outro e o registro dos efeitos daquilo que foi experimentado no campo vital, tanto inicialmente, no sentido biológico, quanto posteriormente, no registro psíquico.

Nesse tempo inicial da vida psíquica, o experenciado e inscrito dá origem ao que Freud (1895/1976) entende por memória. No desenvolvimento do raciocínio freudiano, observa-se que memória e trauma mantêm uma estreita relação. Torna-se, portanto, fundamental compreender o que, nesse tempo primeiro, fica inscrito no psiquismo, sobretudo em se tratando de destacar a qualidade do que marca de forma indelével o início da história do sujeito psíquico.

O tema da memória ocupa Freud não apenas no texto de 1895, mas, como um fio condutor, perpassa toda sua obra ao enlaçar-se com as diversas temáticas que atraem sua atenção. No contexto do ano de 1895, ao ocupar-se do conceito de memória, Freud descreve o quanto as facilitações e as conexões entre o vivido, o inscrito e a rede de neurônios dão conta de um complexo processo de armazenamento de recordação.

Pode-se considerar que, no "Proyecto", ao ocupar-se em descrever os efeitos de quantidades que ingressam no aparelho neurônico, Freud apresenta conceitos chaves para as descobertas e proposições posteriores a respeito da memória. Encontra-se, na obra freudiana, uma linha de raciocínio que

anotações

anotações

propõe considerar as consequências para o psiquismo como advindas da tramitação e da retenção de quantidades. Já em 1891, no texto sobre a afasia, Freud (1893/1994), envolvido no estudo sobre o aparelho de linguagem, apresentara sua ideia a respeito de que, no ato do nascimento, o sujeito não dispõe de um aparelho de linguagem. Este será construído na relação com *outro* aparelho de linguagem. É possível se pensar que ocorre também aqui a necessidade de uma modalidade de encontro entre algo que já está construído – a *linguagem do outro* – e o devir da linguagem da criança. A esse modelo, apresentado em 1891, acrescenta-se o modelo de aparelho neurônico de 1895. Desde o primeiro, encontra-se a relação proposta por Freud entre a memória e a importância afetiva das recordações (Garcia-Roza, 1991).

A definição de memória está relacionada com a retenção daquilo que *ingressou* no aparelho psíquico e que produziu uma *modificação* nos neurônios. Trata-se aqui de destacar a proposição de Freud (1895/1976) de que os neurônios impermeáveis são aqueles que oferecem resistência à passagem de quantidade, e, portanto, ao retê-la são denominados portadores de memória.

A vivência do acontecimento implica um fluxo de excitação que, ao ingressar no sistema, resulta em uma magnitude de impressão. Nesse momento do pensamento freudiano, a impressão diz respeito apenas à intensidade daquilo que circula nos neurônios. A Carta 52 (1896/1976), escrita por Freud a Fliess em 1896, retoma e amplia suas proposições a respeito da concepção de memória, passando a incluir a ideia de inscrição e transcrição de variedades de signos que ingressam no aparelho psíquico.

Destacam-se aqui os conceitos apresentados tanto no texto de 1895 quanto na Carta 52, de 1896. Se no "Proyecto" o aparelho neurônico descrito requer de Freud o uso da terminologia sistema ψ, sistema ω, φ e quantidade, na Carta 52 a descrição de um aparelho de memória põe em cena os termos inscrição, percepção, representação e tradução. Dentre as várias ideias que se encontram nas referidas produções freudianas, busca-se enfatizar um momento posterior à percepção e anterior à inscrição. Encontra-se na Carta 52 o termo *impressão* definindo um primeiro momento de elaboração mnêmica e distinta da representação. Nesse

sentido, é pertinente propor que as impressões (*Eindrucken*) que não deixam traços (*Spuren*) não constituem em si mesmas lembranças, não pressupõem uma inscrição. Mesmo não correspondendo à simbolização, as impressões podem sobreviver de forma isolada em relação às cadeias associativas, uma vez que decorrem de experiências, ou seja, originam-se de vivências. Reafirma-se aqui o valor do vivido para a Psicanálise.

Trata-se, portanto, da impressão de algo de ordem psíquica e que, mesmo não estando inscrito no sistema representacional, *existe como expressão de pura intensidade*. Por isso, ocorre, posteriormente, a sensação. A palavra sensação implica a ideia de *sentir uma ação*, a qual pode ser equiparada à descrição freudiana da vivência de satisfação na qual a ação do outro faz algo ingressar no aparelho psíquico.

Ainda em relação ao texto de 1895, vale lembrar o que destacam Major e Talagrand (2007) sobre o fato de que, no texto freudiano, "... toda a lógica da temporalidade e das referências cronológicas tradicionais será alterada" (p. 33). Ainda se devem acrescentar as contribuições de Valls (2004) que assinala, em relação ao texto de 1895, que Freud "... ao correr da pluma, desliza uma frase que dá conta do que entende por memória: *a capacidade de ser permanentemente modificado por processos únicos*" (p. 65, itálico nosso).

Para Valls (2004), há uma marca daquilo que resultou do vivido, porém pode-se questionar o que ocorreu quando aquilo de que se necessitava não aconteceu. Para esse autor, nessa situação, existe uma "... quantidade de excitação ou tensão de necessidade que confunde ao não se apresentar o objeto, já que, para que pudesse ser qualificada essa tensão quantitativa, seria necessária sua presença e sua compreensão" (p. 68). Segundo Valls (2004), também decorre daí uma marca, pois "... essa predominante ausência objetal, então, deve ser essa tendência a repetir essa vivência de desvalimento, essa invasão quantitativa, essa falta de qualidade, esse trauma" (p. 66). Entende-se, no resgate da definição de trauma como experiência de excesso, uma estreita relação entre memória e trauma.

Nesse raciocínio, aquilo que acontece na vida modifica, enriquece o psiquismo, deixando representações e criando

anotações

uma cadeia representacional, porém também aquilo que é impresso pode permanecer com força em função do experenciado, independentemente de seu enlace em uma cadeia de significados.

Freud deixa claro o fato de que memória e percepção são fenômenos excludentes ao mesmo tempo em que assinala suas relações e influências mútuas. Na Carta 52 encontra-se a descrição freudiana de um sistema de recorridos, o qual parte da percepção (sem conservação do que aconteceu), passa pela indicação da percepção (o primeiro registro das percepções), prossegue também pela inconsciência (o segundo registro) e, finalmente, na terceira transcrição, dá-se o acesso à pré-consciência (Freud, 1896/1976). Percebe-se o enlace entre as ideias do texto de 1895 e a Carta 52, uma vez que essas etapas estratificadas de transcrições são apresentadas em associação com as funções neuronais. Mesmo que a Carta 52 apresente o recalcamento como uma falha no processo de tradução, torna-se possível estender a vigência do não traduzido ao considerar-se uma definição de trauma que abarque a singularidade da efetiva vivência de excessos, os quais escapam à sequência de tradução proposta. Destaca-se, portanto, aquilo que anterior à inscrição, devido à intensidade com que é impresso, não diz respeito a uma falha na tradução equivalente ao recalcamento, e sim a uma condição de *exclusão do processo tradutivo*. À margem da tradução, o que pode ser nomeado como *impressão* encontrará, não na palavra, mas sim na ausência representacional uma expressão direta da quantidade que a constitui. Dessa forma, articula-se a noção de acontecimento ao excesso e à exclusão do processo tradutivo. A "memória" vigente aqui é da ordem do não representado, contudo do intensamente vivido. A impressão deixa em seu rastro um efeito distinto do sepultamento ou ocultação que marca o processo de recalcamento.

A dinâmica da complexidade diante do predomínio de intensidades resultará, conforme desenvolvido no Capítulo III do presente livro, em uma concepção de psicopatologia na qual os elementos em cena diferem do padecimento neurótico. Na sequência do raciocínio aqui desenvolvido, trata-se de explorar a proposição freudiana de um "registro" que prescinde de sentido.

A impressão, como afirma Garcia-Roza, "é considerada por Freud como o momento primário da elaboração mnêmica. Ela se distingue do estímulo e da sensação, assim como também da representação" (1991, p. 53). A impressão, para Freud, não pode ser conservada pela memória em si mesma, ou seja, ela terá de ser reconstruída. A impressão é exterior à linguagem e ao sentido; para Garcia-Roza, ela "não se insere na cadeia significante por não estar ligada a outras impressões de modo a formar uma série significativa" (1991, p. 54). O autor destaca a possibilidade de pensar a impressão como "marca da irrupção do real" (1991, p. 55). O destaque à importância da impressão é explicitado na medida em que as impressões resultam em uma "exigência ao psíquico, mais especificamente uma exigência à memória" (Garcia-Roza, 1991, p. 55).

Convém assinalar a possibilidade de conservação da impressão, mesmo que não seja como representação. O que permanece não é da ordem de uma memória, de uma lembrança, mas sim de uma intensidade. Para Garcia-Roza, trata-se de "memória de pura impressão, e não do traço que a representa" (1991, p. 55). O autor, ao colocar em questão a modalidade de conservação dessa intensidade, refere o recurso à marca corporal. Mesmo que ainda, em 1895, não estivesse presente o conceito de pulsão de morte na obra de Freud, pode-se lançar um olhar prospectivo em relação ao texto freudiano para compreender a dinâmica do processo de permanência e os efeitos dessa intensidade não representada no psiquismo.

Percebe-se no texto freudiano de 1895 a referência à exigência psíquica de metabolizar os estímulos advindos da percepção ao associá-los a marcas mnêmicas derivadas de estímulos anteriores, criando, assim, redes representacionais. Essa será a forma de processamento da magnitude e, também, a forma de transformar a quantidade em qualidade. Esse raciocínio permite constatar o que não ocorre em relação à impressão. Trata-se de reconhecer o que ficou à margem no processo de tramitação psíquica, e não de marginalizar no campo teórico o efeito da intensidade não transformada em qualidade. As formas de processamento são diferenciadas na medida em que se relacionam em um primeiro momento com a identidade de percepção (processo

anotações

primário) e, posteriormente, pela falha da primeira, com a identidade de pensamento (processo secundário). É nessa dinâmica que o aparelho psíquico se estratifica e se complexifica (Valls, 2004).

Dado que a essência da memória vincula-se à constituição das diferenças nas vias facilitadoras, assim como à capacidade retentiva dos neurônios, encontra-se no "Proyecto" uma definição de trauma relacionada ao impedimento desses processos. Nesse contexto teórico, o trauma é compreendido como uma magnitude de impressão intensa que impede a constituição das diferenças de circulação nas vias facilitadoras (Freud, 1895/1976). Conforme já citado, a situação de encontro que constitui o psiquismo inclui a capacidade do outro de atender à condição de desamparo da criança. Se o trauma está relacionado a uma magnitude não apaziguada e às falhas no processo de construção das vias colaterais, trata-se de incluir as experiências primordiais do campo intersubjetivo e suas implicações como fatores essenciais na leitura da complexa vigência do traumático no psíquico.

No próprio texto de 1895, a noção de trauma, para Freud, enlaça-se ao conceito de dor. A dor é produzida a partir do ingresso de quantidade que sobrepasse a possibilidade de moderá-la. Ao entrar no interior do corpo, produz dor física e, segundo Freud, pode fazer desaparecer momentaneamente "o investimento do mundo representacional, um mundo psíquico fazendo perder seu modo de funcionamento e até sua existência momentânea, enquanto a quantidade seja suficientemente intensa e surpreendente" (1895/1976, p. 81). Destaca-se que essa dor deixa uma marca que, à semelhança de um raio, ainda que não seja uma representação, alude à intensidade experimentada. Essa ideia está bastante próxima do conceito de impressão como posterior à sensação. Nesse contexto, cabe afirmar que o trauma gera no aparelho psíquico uma invasão de intensidades cuja força e dinâmica serão, obrigatoriamente, incluídas na leitura de repetições no psiquismo.

Quando Freud descreve o atendimento das necessidades da criança via ação específica proporcionada pela presença do semelhante, refere-se a um todo que "constitui então uma vivência de satisfação, que tem as mais profundas

consequências para o desenvolvimento das funções no indivíduo" (1895/1976, p. 363). A complexidade intrínseca a essa descrição dá conta da proposição de um aparelho psíquico pensado em um modelo "aberto", o qual, no encontro com o outro, toma o que lhe é ofertado, metaboliza-o e faz surgir algo novo. Nesse sentido, ao que está no início fica atribuído à condição de ponto de partida, de base de desenvolvimento (Hornstein, 2001). A singularidade da história está alicerçada na configuração da complexidade do experenciado. O alicerce está na qualidade do encontro que funda o sujeito como *sujeito psíquico*.

A vigência da Psicanálise, sem dúvida, assenta-se sob uma concepção de sujeito distante do dogmático e do predeterminado. Resgatar as proposições freudianas do texto de 1895 significa reafirmar a crença de que "pensar o sujeito em relações de determinações múltiplas e recíprocas com os objetos implica assumir que é um centro de organização, de transformação, de recriação de tudo aquilo que recebe" (Hornstein, 2001, p. 70). Nessa leitura, que evidencia um psiquismo aberto e não totalmente determinado, pode-se pensar no movimento dinâmico e complexo que sustenta a afirmativa de que a "a autonomia será conquistada a partir do desamparo" (Hornstein, 2001, p. 70).

As ideias desenvolvidas neste capítulo sublinham a função do outro no campo da vigência de intensidades, tanto no sentido daquele que pode exercer com sua presença uma função apaziguadora, quanto na falha de sua função deixar o psiquismo incipiente à mercê de um excesso. A qualidade de tramitação desse montante de energia inaugura recursos para investimentos posteriores em objetos que sucedem a relação com o objeto primordial.

Encontra-se, nos textos iniciais de Freud, uma concepção de aparelho psíquico que dá conta da circulação de uma quantidade que ingressa, tramita no interior do psiquismo e constrói complexas modalidades de descarga. A satisfação experimentada inicialmente, viabilizada pela presença e pela ação específica do semelhante, dá origem a trilhas que serão percorridas de modo cada vez mais dependente da capacidade do próprio aparelho, e não mais daquele outro. Não se pode deixar de grifar o *efeito* do que foi experenciado e que, posteriormente, via inscrição psíquica, será patrimônio de

anotações

memória como impressão ou representação. Assim, mesmo que se constitua uma noção de diferença em relação ao outro, algo *experenciado com o outro* fará parte do que não é mais do outro e, portanto, produzirá efeito na construção *do si mesmo*.

Pensar o trauma pela perspectiva da experiência com o semelhante não exclui o raciocínio de Freud quanto aos efeitos para o psiquismo do enfrentamento de magnitudes. Trata-se não de excluir, mas sim de ampliar os pressupostos freudianos com a inclusão da leitura sobre o trauma, do papel da experiência primordial no campo da intersubjetividade.

Coloca-se em evidência *a inquestionável importância do acontecimento*. Adiciona-se, dessa forma, ao experenciado com o outro a temática de intensidade e de vigência do econômico no psíquico. Abordar a importância do acontecimento não significa destacar todo e qualquer fato ocorrido na vida do sujeito. Tampouco significa desprezar a relevância e a diferença existente entre realidade externa e da realidade psíquica. Ao contrário, destacar o acontecimento na proposição de uma leitura sobre o trauma significa resgatar a proposição de um aparelho psíquico aberto e do acontecimento que produz *efeitos*, que *mobiliza certos afetos* e que *trará para a vida do sujeito inegáveis marcas de intensidade*. A proposição do acontecimento, nesse contexto teórico, relaciona-se ao resgate do que está escrito como impressão na Carta 52, e que resulta em uma exigência à memória. Do que trata a Psicanálise se não dos efeitos de uma história?

Segundo Bleichmar, o acontecimento que interessa à Psicanálise e que leva a um posicionamento a respeito da história do sujeito implica considerar que

> Não é a história-relato que constitui a fonte de toda a informação possível, mas precisamente suas fraturas e buracos, não que isso seja entendido no sentido clássico da amnésia histérica, mas tudo aquilo inelegível capaz de produzir efeitos e que deve ser persuadido a uma simbolização eventualmente possível para evitar os efeitos compulsivos que acarretam para o psiquismo. (2006, p. 142)

O acontecimento essencial aqui destacado diz respeito à singularidade que constituirá a vivência de satisfação. Em

função de suas particularidades, funcionará como força propulsora de uma psicopatologia cuja via de expressão da dor se dá em ato, conforme será abordado nos capítulos seguintes.

Os aportes freudianos do "Proyecto" permitem o resgate da importância do encontro primordial no cenário do desamparo como condição de *inauguração* do psíquico e, ao mesmo tempo, de *impressão* do experenciado com o outro. À leitura da experiência ocorrida, acrescenta-se a condição psíquica do aparelho alheio que *aloja* o psiquismo incipiente, sendo que desse acontecimento resultarão as condições de estruturação do si mesmo. Serão as vivências, as impressões de pura intensidade que trarão ao cenário o conceito de trauma. No rol de ferramentas teóricas para pensar o trauma, o acontecimento adquire, assim, mais do que uma condição de real, ou seja, o acontecimento é compreendido como *produtor de efeitos incessantes no intrapsíquico*.

Propõe-se, portanto, que o acontecimento ao qual o trauma faz alusão decorre de uma modalidade de encontro do sujeito, na condição de seu desamparo, com uma condição de demanda de alojamento no psiquismo do outro que fica aquém de suas necessidades. Na linha de raciocínio desenvolvida até então, fica explicitada não só a importância do outro nesse tempo inicial da constituição do psiquismo da criança, mas também a importância da dinâmica do acontecimento como instauração de condições intrapsíquicas naquele que habita o cenário do desamparo e que demanda ao outro uma necessidade psíquica vital.

No intuito de resgatar os enlaces teóricos, na obra freudiana, que permitam um sólido tramado de sustentação ao conceito de trauma, percorrem-se também os desdobramentos da técnica. Se, ao escutar a demanda histérica, a cena real perde vigência, Freud, na construção da técnica psicanalítica, acessa, por meio da associação livre, outra cena: a fantasia. Assim, na leitura aqui proposta a respeito do trauma, tanto no sentido metapsicológico como técnico, chega-se ao campo intersubjetivo. Trata-se de resgatar a vivência de satisfação como uma experiência primeira de enfrentamento entre intensidades e recursos de metabolização. Nesse momento, o psiquismo incipiente não se pode furtar da ajuda alheia,

anotações

porém seu desamparo não necessariamente resulta em um *alojamento* que lhe propiciará, posteriormente, uma facilitação nas vias de autonomia psíquica. O desdobramento de tal raciocínio no campo da técnica impõe uma reflexão a respeito da singular articulação dessas intensidades na vida do sujeito.

REFERÊNCIAS BIBLIOGRÁFICAS

Bleichmar, S. (2005). *La subjetividad en riesgo*. Buenos Aires: Topía Editorial.

Bleichmar, S. (2006). La deconstrucción del acontecimiento. In G. Fiorini (Comp.), *Tiempo, historia y estructura: su impacto en el psicoanálisis contemporáneo* (pp. 139-154). Buenos Aires: Lugar Editorial.

Figueiredo, L. C. (1991). *A questão da intersubjetividade, uma falsa questão*. São Paulo: Mimeo.

Freud, S. (1893/1994) Algunas consideraciones com miras a um estúdio comparativo de las parálisis motrices orgánicas e histéricas. In J. Etcheverry (Org e Trad.), *Obras Completas de Sigmund Freud* (Vol. 1, pp. 191-210). Buenos Aires: Amorrortu.

Freud, S. (1895/1976). Proyecto de Psicologia. In J. Etcheverry (Org. e Trad.), *Obras Completas de Sigmund Freud* (Vol. 1, pp. 323-436). Buenos Aires: Amorrortu.

Freud, S. (1896/1976). Carta 52. In J. Etcheverry. (Org. e Trad.), *Obras Completas de Sigmund Freud*. (Vol. 1, pp. 274-280). Buenos Aires: Amorrortu.

Garcia-Roza, L. (1991). *Introdução à metapsicologia freudiana* (Vol. 2). Rio de Janeiro: Jorge Zahar.

Hornstein, L. (2001). Cuerpo, yo y pulsión de saber. In *Revista del Ateneo Psicoanalítico*, *3*, 63-84.

Major, R., & Talagrand, C. (2007). *Freud*. Porto Alegre: L&PM.

Soler, C. (2007). *Qué se espera del psicoanálisis y del psicoanalista?* Buenos Aires: Letra Viva.

Valls, J. L. (2004). *Metapsicologia y modernidad: el "Proyecto freudiano"*. Buenos Aires: Lugar Editorial.

anotações

Capítulo II

A vivência de indiferença e o ato-dor: articulações de intensidades

No campo do traumático, o acontecimento referido é aquele que desperta intensidade, que adquire um caráter de algo não metabolizável para o psiquismo. O acontecimento primeiro para a compreensão aqui proposta de trauma diz respeito àquele encontro nomeado por Freud, em 1895, como vivência de satisfação, ou seja, propõe-se esse acontecimento como fato de um tempo real e não mítico (Freud, 1895/1976). Na referência a esse tempo primordial, conforme pensado por Bleichmar (1990), verifica-se que são tempos ". . . reais, não míticos, cujos movimentos podemos cercar e cuja proximidade define nossa possibilidade de intervenção transformadora no processo no qual essa fundação se constituiu" (p. 7). Como visto no capítulo anterior, esse acontecimento, quando permeado pelo excesso, constitui impressões psíquicas que escapam ao circuito representacional do sujeito. Entende-se que a peculiaridade do acontecimento, no cenário do trauma, será decisiva para a história singular do sujeito. Não se trata de universalizar o acontecimento, mas, ao contrário, de pôr em evidência o processo de impressão de intensidades decorrentes do não atendimento da necessidade psíquica vital da criança. Trata-se de uma mola propulsora de repetições. Compreender as articulações dessas intensidades remete à necessidade de ampliar a compreensão dos efeitos de uma história.

No intuito de apresentar a dinâmica da experiência singular que se encontra como fundamento dessa concepção de trauma, busca-se uma sustentação teórica no corpo da Psicanálise que retome a vitalidade necessária à proposta de trauma aqui desenvolvida.

Em "Más allá del principio de placer", texto de 1920, ao descrever a ruptura das barreiras protetoras, Freud (1920/1976) põe em evidência um campo psíquico arrasado pelo descompasso dramático entre a quantidade que irrompe e as possibilidades de processamento psíquico dessas cargas. Assim, recupera-se no pensamento freudiano o conceito de trauma a partir de uma perspectiva do violento, do intrusivo, que gera uma demanda significativa de processamento psíquico. Mais do que colocar em pauta uma discussão entre trauma real e fantasia, os aportes freudianos evidenciam a necessidade de pensar *no efeito do traumático* pela perspectiva do sujeito.

O acontecimento, com sua intensidade, rompe o que seria da ordem do sensato, fraturando e arrancando do sujeito qualquer possibilidade de historicização do experenciado frente aos recursos então disponíveis. A característica essencial do acontecimento traumático é exatamente seu efeito de captura do sujeito pelo excesso que o invade. Encontra-se argumento para sustentar tal afirmativa nas próprias palavras do fundador da Psicanálise:

> ... em toda uma série de traumas, o fator decisivo para o desenlace talvez seja a diferença entre os sistemas não preparados e os preparados por sobreinvestimentos; claro que a partir de certa intensidade do trauma, essa diferença deixará de pesar. (Freud, 1920/1976, p. 31)

Na leitura apresentada sobre a metapsicologia do trauma, a experiência conferiu à impressão um caráter de intensidade não representada. Constata-se que o campo intersubjetivo próprio dessa instauração traumática pressupõe a peculiaridade de uma indiferença experimentada no encontro com o semelhante. Assim, o que atribui ao acontecimento um aspecto de força e dramaticidade passa pelo que se propõe nomear como *vivência de indiferença*. Entende-se, nessa leitura, por *indiferença* uma qualidade de violência imposta à criança por parte do adulto em um tempo primordial de estruturação do psíquico. Propõe-se uma espécie de leitura às avessas do que descreve Freud como vivência de satisfação. Trata-se, na vivência de indiferença, portanto, da ausência de uma condição de ajuda alheia na medida em que o outro "oferta" à criança apenas sua indiferença. O que está em evidência nessa situação é um campo de experiência, no qual a indiferença acrescenta um elemento de excesso que se reproduz posteriormente nos efeitos do experenciado.

De modo a evitar uma leitura equivocada do conceito de indiferença, conceito fundamental na leitura de trauma aqui proposta, resgatam-se as contribuições de André Green (1998) ao abordar o modo como Freud relativizou e também retomou o conceito de trauma. A ideia central da vivência de indiferença associa-se ao que descreve Green:

... o trauma residiria melhor na ausência de uma resposta do objeto a uma situação de desvalimento que mutila para sempre o ego porque conserva um núcleo de *Hilflosigkeit* primitiva que se reativará em qualquer situação durante toda a vida. (1998, p. 171)

Na definição de indiferença, cabe destacar que não se trata do desdém da oferta por parte do adulto ao outro (a criança), mas sim de uma marca de não reconhecimento daquilo que é mais próprio da singularidade desse outro: *seu existir*. Na indiferença predomina dramaticamente o não reconhecimento da diferença que a existência do outro aporta a esse encontro inicial e que se reproduz na apropriação do sentido de existência da criança.

Nomeia-se como *vivência de indiferença* aquela modalidade de encontro psíquico, no qual a criança não encontra no adulto, a quem demanda uma necessidade, condições de percepção e de consideração do que representa assimetria presente na relação. O outro da *vivência de indiferença* não possui recursos que levariam a uma capacidade de ligação afetiva em relação à criança que ocupa o lugar de desamparo próprio desse tempo inaugural. A indiferença o impede de apresentar a diferença à criança. O investimento afetivo, como mola propulsora de um trabalho de ligação e interpretação daquilo que ataca a criança por dentro, não é realizado nesse cenário de indiferença. Assim, o efeito da *experiência de indiferença* é a captura em uma situação de predomínio do desamparo e de vigência de intensidades. Por isso Green (1998) refere um núcleo de desamparo primitivo reativado, portanto, atualizado durante toda a vida. O outro, nesse cenário de indiferença, evidencia um prejuízo próprio de sua capacidade afetiva, a qual lhe permitiria ocupar o lugar de quem percebe, traduz e atende a uma demanda psíquica oriunda da condição assimétrica referente ao desamparo infantil. Essa dinâmica, que encontra na indiferença ofertada uma etiologia de excesso, atualiza repetidas vezes o dano psíquico decorrente da usurpação do direito infantil de existir.

Na história da Psicanálise, foram os desafios desconcertantes da clínica com pacientes não neuróticos que levaram o psicanalista húngaro Sándor Ferenczi a produzir reflexões a respeito do trauma. Uma de suas contribuições pertinentes

anotações

sobre esse processo foi a proposição do conceito de *desmentido*. A partir desse conceito, Ferenczi (1992) colocava em evidência o papel do outro como produtor que, por meio de sua negativa, autoriza a veracidade da violência experenciada pela criança, do verdadeiro fator traumático. O desmentido do adulto se constituía como uma atribuição de trauma ao ocorrido. Considerando-se o raciocínio desenvolvido a respeito da vivência de indiferença, pode-se encontrar uma proximidade entre a intensidade traumática do desmentido e essa condição de não perceber ou admitir a diferença do outro.

O conceito de indiferença aqui proposto remete a um desmentido ofertado à criança naquilo que, em sua existência, inevitavelmente aporta como diferença. Para Green (1998), as concepções ferenczianas a respeito do trauma permitem afirmar que "... já não se tratava de traumas ligados a uma sedução, mas de traumas cujas consequências dão lugar a uma conturbação do ego" (p. 171). As contribuições ferenczianas servem como argumento para abordar aquilo que não é da patologia neurótica, mas sim que pode e deve ser objeto de uma escuta psicanalítica que contemple uma compreensão a respeito das diversas modalidades de padecimento psíquico. Sem dúvida, a riqueza da psicanálise contemporânea está na capacidade de articular a herança teórica e técnica recebida com as inquietações contemporâneas de uma clínica cuja essência é a dor psíquica.

A vivência de indiferença descreve um processo de desencontro primordial que resulta no predomínio de um desconhecimento a respeito do si mesmo. Como efeito desse encontro traumático, resta à criança reproduzir não o que faltou, mas sim a intensidade desconcertante do que lhe foi ofertado. Ao não ser percebida na diferença de sua existência, ela fica prisioneira de um registro mudo, porém com força de matriz. Nesse sentido, o que volta nas reproduções do experenciado, seguindo o raciocínio freudiano de construção das vias colaterais, corresponde a um processo fraturado de construção psíquica. As fraturas atualizam-se principalmente no campo da alteridade; por isso a força matriz do encontro primordial na repetição atordoa e produz dor psíquica pela sensação de aprisionamento.

Na descrição de Freud (1895/1976) sobre a vivência de satisfação, é a condição e a qualidade da ajuda alheia que permitem à criança experenciar uma estabilidade no atendimento de suas necessidades e instaurar vias colaterais que inaugurem certa autonomia em relação à ausência do objeto. Já na vivência de indiferença, a resposta do outro está marcada pela instabilidade e pela ambiguidade. Os frágeis movimentos de investimento psíquico são alternados por uma ausência que não permite a construção de uma autonomia, mas que reescreve a matriz da precariedade do acontecimento. Em termos de psicopatologia, não se propõe aqui a instalação de bases de um funcionamento psicótico, mas sim de uma dinâmica que liga o tema da construção do si mesmo ao excesso do não experimentado como condição de apaziguamento e de ligações de intensidades. Na medida em que o acontecimento primordial se dá no cenário de indiferença, não *afeta* psiquicamente este outro de modo a ofertar à criança subsídios psíquicos para que ela possa empreender um trabalho de ligação e de atribuição de sentido àquilo que a ataca por dentro. O que se imprime não é a ausência de objeto (psicose), mas sim a alternância, a instabilidade e a fragilidade no sentido da diferença e da implicação do outro com o Eu incipiente. Talvez aqui se deva mencionar o campo das patologias de fronteira. Não se trata nem da operação de recalcamento, tampouco de uma ruptura com a realidade, ao contrário, o experimentado no cenário de indiferença terá como efeito um processo singular de construção do si mesmo: *a matriz denuncia a apropriação da capacidade de ser e de se reconhecer em sua diferença.*

A indiferença experimentada interfere, com sua intensidade, no acesso a um processo de diferenciação e autonomia por parte da criança. Será esse primeiro tempo vivido que, com a força de um mandato prioritário, passará a reger as vivências no campo da intersubjetividade, sendo seus efeitos inevitáveis no alicerce do processo de construção do si mesmo. Trata-se de explorar, portanto, a trama tecida a partir da articulação entre acontecimento, excesso e repetição.

O acontecimento, a vivência de indiferença, adquire um estatuto histórico singular na vida desse sujeito. Como afirma Roussillon, o conceito de fantasma é definido por Freud como um mestiço, um misto "composto da história vivida e da maneira como esta foi significada, assimilada, metabolizada então pelo psiquismo" (Roussillon, 2006,

p. 204). No contexto do traumático, não se trata de uma história significada ou metabolizada, mas sim da expressão da força de uma história vivida. Diferente da neurose, a qual pode apelar ao fantasma como recurso de atualização do vivido, no contexto do trauma, o acontecido terá outras formas de expressão. Respaldado pelos aportes freudianos do texto de 1920, Roussillon (2006) destaca a importância da experiência histórica, considerando que a compulsão volta a levar à superfície psíquica acontecimentos que não trouxeram satisfação, fazendo com que o modelo da primazia de uma fantasia vinculada ao princípio do prazer perdesse espaço ao dar ênfase à face histórica do que está sob coação de repetição.

A repetição decorrente da vivência de indiferença atualiza a matriz do excesso. O conceito de compulsão à repetição descortina, para Freud (1920/1976), a força do desprazer, acompanhada da sensação de atualidade do que é incessantemente repetido. Sem dúvida, esse conceito vem possibilitar uma importante distinção entre a repetição neurótica, vinculada à experiência transferencial, e uma "maquinaria de repetição" (Maia, 2003), que põe em movimento conteúdos que extrapolam o material psíquico recalcado. Essa constatação também terá consequências na escuta daquilo que se repete. No que é da ordem do além do princípio do prazer, o analista encontra-se fora do território do desvelamento de conteúdos recalcados. Mais uma vez confirma-se no texto freudiano a inegável relação entre a clínica e o corpo conceitual. Por isso se faz referência às patologias de fronteira quando o tema é o trauma enlaçado com o conceito de indiferença.

A expressão de dor psíquica, cuja matriz de indiferença usurpa do sujeito o direito de ser em sua diferença, aparece na clínica via impossibilidades de aceitar o que representa a alteridade. Ao propor a vivência de satisfação nessa configuração de indiferença como matriz, afirma-se um núcleo primitivo da sexualidade como origem da dor nessa patologia. Se o outro no encontro inaugural, na vigência da instabilidade e das ambiguidades deixa o *Eu* à mercê de intensidades, os desdobramentos de tal experiência atualizam uma suscetibilidade extrema àquilo que a presença de outro aporta ao *eu*.

A compulsão à repetição, compreendida no contexto da vivência de indiferença, permite constatar os efeitos da ausência de recursos na captura e no processo de metabolização dos conteúdos intrapsíquicos. Assim, a incapacidade de reconhecimento de sua demanda por parte do outro faz com que o sujeito reproduza uma incapacidade de administrar seu próprio capital pulsional. À maneira de uma máquina reprodutora de um protótipo, o sujeito fica condenado exaustivamente a reproduzir o conhecido quando diante do desconhecido. A impossibilidade de disponibilizar recursos psíquicos mais complexos faz, em seu padecimento, o ato resultar no produto final de uma matriz forjada pelo excesso. Trata-se de evidenciar nesse momento a relevância que adquire o ato no contexto da descrição da dinâmica psíquica do traumático.

O predomínio de intensidades em um psiquismo, cuja precariedade não encontre na simbolização uma alternativa de expressão, fará com que a ação surja privilegiadamente como "válvula de escape". Não se trata, porém, de um ato que expressa, via simbolismo, a etiologia do padecimento. O ato, como recurso de expressão de intensidade, dá conta do atordoamento psíquico e da interferência sofrida no processo de diferenciação e autonomia psíquica em relação ao outro. Como bem expressa Maia, "o sujeito que tem a sua vida psíquica em parte devastada por aspectos traumáticos *age* a dor, sendo incapaz de significá-la" (2003, p. 238). No cenário da indiferença, a intensidade condena o sujeito a ter como recurso a evacuação de intensidades. Trata-se de nomear um ato evacuativo, não original, capturado no modelo de apropriação pelo outro, que, em vista disso, surge como único recurso disponível. A singularidade da dinâmica desse ato permite nomeá-lo como *ato-dor*.

Recapitulando as ideias até aqui desenvolvidas, percebe-se uma articulação na indiferença experimentada pela criança, que se atualiza ao invadir o psiquismo do adulto e passa a se reproduzir, agora *administrada*, via ato, por aquele que, em um tempo primeiro, ficou capturado pelo desmentido do adulto. O desmentido de assimetria resultou numa fratura na construção de possibilidades de acesso ao campo da alteridade. Não se trata de uma ruptura de investimentos no que é externo ao Eu, mas sim de uma repetição que mostra um

anotações

funcionamento que deu conta da sobrevivência psíquica. Pode-se dizer que o ato-dor faz as intensidades entrarem em cena parecendo *uma loucura*, porém não sendo *a loucura*. Freud (1905/1972) já demonstrou o equívoco de tomar o excesso de dor como um enlouquecimento sem sentido. As fraturas nas relações com os objetos, a desconfiança, o temor, a intolerância, o ataque, a inveja, a vingança, o ressentimento atualizados não deixam dúvidas quanto à qualidade do que foi experenciado.

Não se deve esquecer, como aponta Green (1998), ao retomar a essência da Psicanálise, que "a sexualidade infantil começa com as primeiras relações da criança com a mãe" (p. 182). A ideia aqui proposta é de que, a partir do acontecimento nomeado como vivência de indiferença, o ato passa a ser o resultado da articulação de intensidades.

A *vivência de indiferença*, ao condenar o psiquismo a uma repetição do singular excesso histórico experimentado, encontra, na forma de repetição em ato, uma via privilegiada de articulação de intensidades. Assim, esse ato corresponderá à vigência do excesso e encontrará em sua manifestação singularidades que o situem como expressão de dor. A ideia aqui proposta é de que esse ato, o *ato-dor*, é uma memória da dor de indiferença, sendo que nele, pela via de descarga, e não pelo recurso de metabolização psíquica, reproduz-se continuamente a impressão do excesso experienciado.

O *ato-dor* como um ato evacuativo não deve resultar em algo que o torne equivalente a uma mera descarga. O *ato-dor* dá conta de uma modalidade evacuativa de intensidades, entretanto, associada ao efeito da indiferença experimentada, ou seja, é um ato que ocorre sob o regime da indiferença. O sujeito fica fraturado em seus recursos que lhe possibilitariam levar em conta o efeito da intensidade no si mesmo.

Atualiza-se, assim, via ato, uma história vivida no predomínio de um circuito pulsional da ordem do desligado e do mortífero. É por meio do *ato-dor* que o traumático expressa seu poder de provocar padecimento, assim como denuncia a fragilidade que imperou no processo de construção do si mesmo.

A descrição feita por Green (1998) a respeito do estado de desamparo (*Hilflosigkeit*) permite uma vez mais constatar a dramaticidade do que se fez presente no não atendimento às necessidades da criança:

> Este desamparo psíquico da criança é a angústia mais temível, mais temida, aquela cuja volta deve ser evitada a qualquer preço. . . . Pois não é apenas a falta de apoio que é angustiante, mas também o caráter desorganizador das tensões libidinais para as quais não é possível nenhuma satisfação fora da mãe. A ameaça aqui incide sobre as primeiras matrizes de organização do ego, cujas construções precárias resistem mal à inundação libidinal, uma vez que a tensão erótica ligada à insatisfação se duplica com a tensão agressiva em relação com a frustração. (p. 83)

Essa frustração, segundo o raciocínio aqui exposto, deixa o psíquico à mercê de *impressões* não enlaçadas à cadeia representacional que permitem compreender a sensação de *familiaridade* na repetição de situações de desamparo. Tal familiaridade também dá subsídios de compreensão aos riscos atribuídos à possibilidade de proximidade com o outro, os quais inundam o campo sexual. Trata-se de produção de recursos autoeróticos e até mesmo antieróticos para evitar o risco (e ameaça) da intensidade de novas experiências de indiferença.

O raciocínio teórico desenvolvido em relação à *vivência de indiferença* e ao *ato-dor* como aspectos essenciais da leitura proposta sobre o traumático tem como ponto de articulação as definições de trauma encontradas na obra de Freud. Até 1897, o trauma está, na escrita freudiana, associado à etiologia da histeria. Como assinala Green, "a Psicanálise nasceu da teoria traumática que, como se sabe, identificava o trauma com uma sedução" (1998, p. 171). Dessa concepção primeira do trauma destaca-se a impossibilidade de reação da criança ao que é imposto pelo outro. Já em uma segunda concepção de trauma, presente no texto de 1920, associa-se a vivência de acontecimentos à irrupção no psiquismo de excessos oriundos da realidade externa (Freud, 1920/1976). A concepção das neuroses traumáticas explicita a repetição imposta pela força do acontecimento real ao psiquismo.

Tanto na primeira proposição do trauma, quanto na proposição do contexto de 1920, encontram-se subsídios

anotações

anotações

em Freud para uma nova definição do traumático, exercício teórico necessário à compreensão de padecimentos psíquicos que têm desafiado a experiência psicanalítica atual. Trata-se de recuperar do conceito de trauma associado à etiologia da histeria o dramático custo psíquico do desvalimento imposto em uma condição de desamparo. A concepção de trauma desenvolvida neste capítulo fala de um excesso às avessas de sedução real apresentada como etiologia da histeria. Na leitura sobre o trauma, que tem como pontos de ancoragem a *vivência de indiferença* e o *ato-dor*, não há nenhum resquício de sedução ou de encantamento com a presença da diferença do outro. O que de fato permanece como elo comum na concepção de trauma é o valor conferido àquilo que é efetivamente experenciado num cenário de excesso.

A indiferença, como o oposto da capacidade de amar, sempre se faz acompanhar pela força que maltrata, que submete, que mutila o direito de existir. O traumático aqui diz respeito a exclusão do campo de percepção e de desejo do outro que imprime, a ferro e a fogo, a marca do excesso e do violento à condição de desamparo (*Hilflosigkeit*) da criança.

Considerando-se a segunda proposta freudiana de trauma, recupera-se o valor do acontecimento em um tempo singular do processo de construção do si mesmo. O caráter de excesso da real experiência de indiferença faz as intensidades vividas não encontrarem vias de expressão simbólica. Trata-se, então, da vigência não só do que está *além do princípio do prazer*, mas sim do que está *aquém de um processo de representação*.

A vitalidade do corpo teórico, conceitual e técnico da Psicanálise permite que se explorem múltiplas facetas de um conceito. Assim, trabalhar a temática do trauma torna necessário demarcar diferenças quanto à forma de abordar e descrever as implicações desse conceito, tanto para a teoria quanto para o método psicanalítico. Encontra-se, no legado freudiano, toda uma linha de argumentação que permite explorar a vertente do traumático considerando o singular processo de estruturação do psiquismo. A relevância que tem o papel da sexualidade infantil nas modalidades de construção do eu permite que o traumático seja compreendido como fator fundamental de organização do psiquismo.

Entende-se o traumático da vivência de indiferença como sendo o alicerce que dá sustentação e estrutura a uma singular forma de padecimento psíquico. Portanto, como efeito da vivência de indiferença, surge o *ato-dor*, no qual a intensidade do experimentado permite vislumbrar o padecimento do si mesmo.

O conceito de trauma deixa impresso na própria obra freudiana seu valor de interrogante, na medida em que descortina, desde o início da Psicanálise, um novo olhar sobre a patologia neurótica, interrogando Freud em sua teoria da sedução, conduzindo-o à descoberta da importância da realidade psíquica. Mesmo que em uma leitura apressada se possa pensar que o trauma foi abandonado por Freud, o leitor atento à escrita freudiana percebe a impossibilidade de sustentar tal afirmativa. O texto de 1920 encarrega-se de situar o trauma nesse lugar de promotor de interrogações. Assim, associar o trauma aos conceitos da *vivência de indiferença* e do *ato-dor* diz respeito à tentativa de não perder de vista a potencialidade e a complexidade de um conceito freudiano. Da mesma maneira, implica dar lugar de relevância aos questionamentos que a clínica contemporânea da Psicanálise impõe. Como sustenta Bleichmar,

> A clínica não está ali para "exemplificar a teoria", mas para problematizar a teoria, vale dizer, a metapsicologia. Cada vez que se enfrente na clínica um problema irresolúvel e logo se busque no arsenal teórico apelando à "bruxa metapsicologia", como dizia Freud, muitas vezes infrutuosamente as respostas, não necessariamente se deva inventar algo, mas produzir uma rearticulação, estabelecer um novo "modelo". (p. 25)

Resgatar e ampliar a leitura psicanalítica sobre o trauma, tal como é proposto neste livro, implica incluir a dimensão de excesso presente nas primeiras impressões decorrentes da vigência de indiferença, as quais, por sua repetição de intensidade, encontram no *ato-dor* uma forma de expressão. Na medida em que essas expressões se dão no campo da psicopatologia, além da dimensão teórica do trauma, trata-se de também fazer trabalhar as implicações técnicas

anotações

no enfrentamento deste como expressão de psicopatologia no campo analítico.

Nessa situação clínica é exigida do encontro analítico a construção de condições que deem acesso àquilo que está aquém do representado. Trata-se de pôr em cena recursos teóricos e técnicos que permitam prioritariamente a construção de um processo singular de historização do si mesmo. Diferente da clínica da neurose, o *ato-dor* reproduz intensidades não simbolizadas sob a modalidade de indiferença. O ato é uma tentativa coerente com a fragilidade de um psiquismo que "aprendeu" a evacuar intensidades, e não a metabolizá-las. O desafio imposto à escuta analítica, conforme abordado em capítulo posterior, está na oferta daquilo que faltou ao ator do ato: *fazer a diferença diante da evacuação do excesso*, incluindo no encontro analítico condições de pensar o efeito dessas intensidades no si mesmo.

O sujeito, na expressão do ato-dor, atualiza a desmesura do não nomeado, do não metabolizado, logo reproduz sua captura na indiferença. Ao referir a situação de desvalimento como uma mutilação ao ego, Green (1998) assinala o efeito inegável do experenciado diante do desamparo. Portanto, a repetição à qual o ato alude denuncia invariavelmente o desamparo do sujeito em relação a seus próprios recursos. A repetição, nesse contexto, assemelha-se àquela definida por Maia (2003) como uma compulsão a repetir que

> Aponta para esse mais além: algo que tem autonomia em relação ao princípio do prazer e lhe confere um chão, uma base. É a sinalização de que algo está ocorrendo no psiquismo, mas não somente no âmbito do aparato psíquico representacional. (p. 183)

Cabe a afirmativa de que o *ato-dor* é inegavelmente uma expressão de força demoníaca da pulsão de morte, sendo porta-voz de um singular processo de construção do si mesmo, que põe em evidência o padecimento que está aquém da representação.

Para articular a dinâmica do *ato-dor* em relação a esse processo de construção do si mesmo, é relevante buscar os aportes freudianos a respeito do narcisismo. Será por meio da compreensão da história do sujeito que seu ato, como expressão de dor, pode ser inserido na singularidade de um cenário de intersubjetividade. Os elementos psíquicos que se fazem presentes na dinâmica do ato-dor põem em evidência a precariedade e a instabilidade do psiquismo que serviu de alojamento ao *Eu* incipiente.

anotações

REFERÊNCIAS BIBLIOGRÁFICAS

Bleichmar, S. (1990). Lugar de la historia en psicoanalisis. *Revista Zona Erógena*, 4, 32-34.

Bleichmar, S. (1994). Destinos da metapsicología en la clínica actual. *Revista Zona Erógena*, 21, 24-26.

Ferenczi, S. (1992). Reflexões sobre o trauma In J. Dupont (Org.), *Obras Completas de Sándor Ferenczi* (Vol. IV, pp. 109-117). São Paulo: Martins Fontes.

Freud, S. (1895/1976). Proyecto de psicologia. In J. Etcheverry (Org. e Trad.), *Obras Completas de Sigmund Freud* (Vol. 1, pp. 323-436). Buenos Aires: Amorrortu.

Freud, S. (1905/1994). Tratamento psíquico (ou mental). In J. Strachey (Ed.), *Edição Standard Brasileira das Obras Psicológicas Completas de Sigmund Freud* (Vol. 1, pp. 297- 316). Rio de Janeiro: Imago.

Freud, S. (1920/1976). Más allá del principio de placer. In J. Etcheverry (Org. e Trad.), *Obras completas de Sigmund Freud*. (Vol. 18, pp. 5-62). Buenos Aires: Amorrortu.

Green, A. (1998). *Las cadenas de Eros: actualidad de lo sexual*. Buenos Aires: Amorrortu.

Maia, M. (2003). *Extremos da alma*. Rio de Janeiro: Garamond.

Roussillon, R. (2006). Historicidad y memória subjetiva: la tercera huella. In G. Fiorini (Comp.), *Tiempo, historia y estructura: su impacto en el psicoanálisis contemporáneo* (pp. 203-221). Buenos Aires: Lugar Editorial.

Capítulo III

Construção do si mesmo no cenário de indiferença

Os capítulos anteriores possibilitaram o desenvolvimento de proposições a respeito do valor da vivência primordial do encontro com o outro e seus efeitos *a posteriori*. O tempo primeiro de estruturação psíquica, quando matizado nas cores da vivência de indiferença, adquire peculiares características que jogam o sujeito em um território que incrementa sua condição de desamparo. Ressalta-se, portanto, que nesse cenário encontra-se a etiologia de uma forma singular de psicopatologia, na qual o *ato-dor* reproduz a matriz de uma intensidade de desamparo experimentado.

Na sequência de um raciocínio que visa a dar conta do processo singular de construção do si mesmo, é necessário recorrer ao conceito freudiano de narcisismo. Trata-se de fundamentar um processo no qual os aspectos de intromissão, de apropriação e de indiferença à diferença do outro jogam um papel decisivo. Cabe destacar que a referência ao narcisismo insere-se na presente proposta metapsicológica a respeito do trauma e visa a reforçar os pressupostos teóricos e técnicos apresentados que consideram a existência de um sujeito psíquico vinculada à necessária presença do outro.

No desenvolvimento da fundamentação teórica desse conceito, apresentam-se delimitações entre o processo de estruturação do psiquismo e as configurações da psicopatologia psicanalítica em uma modalidade de investimento libidinal precário, marcado pela indiferença e na dinâmica da intersubjetividade resultante desse jogo econômico.

O termo narcisismo aparece no cenário psicanalítico pela primeira vez nas *Atas da Sociedade Psicanalítica de Viena*, no protocolo 52, datado de 27 de maio, no qual Wilhelm Stekel (1868-1940), médico e psicanalista austríaco, cita um ensaio escrito por Isidor Isaak Sadger (1867-1942), intitulado "Problemas fronteiriços de medicina e técnica" (citado por Korovsky *et al.*, 1999). Segundo Grunberger (1979), Freud tece comentários elogiosos em relação às considerações de Sadger a respeito desse trabalho. Assim, constata-se que o interesse de Freud pelo tema do narcisismo se traduz no amplo uso que o conceito terá no decorrer de toda sua obra.

anotações

O narcisismo é apresentado por Freud de diversas maneiras em seu texto, porém um aspecto que se mantém em toda essa diversidade de significados que o tema contempla diz respeito à relação existente entre narcisismo e sexualidade. Pensar o narcisismo como perversão, estado libidinal, estado regressivo no sonho, na enfermidade orgânica, na psicose ou como interiorização de uma relação não exclui o elo existente entre a noção de eu e o campo pulsional. Constata-se que as importantes derivações que adquire o narcisismo no texto freudiano estão sempre alinhavadas ao campo da sexualidade.

O narcisismo adentra os escritos de Freud quando, em 1910, ele se ocupa de seguir e aprofundar suas investigações sobre a teoria da sexualidade. Assim, a primeira referência ao narcisismo em uma obra impressa foi uma nota de rodapé acrescentada por Freud à segunda edição de seu texto "Três ensaios sobre uma teoria sexual", de 1905 (citado por Roudinesco & Plon, 1998).

No trabalho de 1910, "Un recuerdo infantil de Leonardo da Vinci", Freud, ao descrever o rumo tomado pelo investimento homossexual, apresenta uma descrição apropriada da origem da palavra narcisismo:

> O menino reprime seu amor pela mãe colocando-se no lugar dela, identificando-se com a mãe e tomando a sua própria pessoa como um modelo que encontra seus objetos de amor pela via do *narcisismo*, pois a lenda grega menciona um jovem Narciso a quem nada agradava tanto como sua própria imagem refletida no espelho e que foi transformado na bela flor com este nome. (1910/1976, p. 93)

Cabe destacar que desde seus escritos sobre o caso Schreber, em 1911, o termo narcisismo está para Freud também relacionado a uma etapa normal da evolução sexual. Ele descreve o narcisismo, no terceiro e último capítulo do caso Schreber, a fim de estabelecer algumas generalidades que estejam além da especificidade da paranóia (Freud, 1911/1976). Assim, nesse texto, é clara a referência que Freud (1976c) faz ao narcisismo, situando-o como um estágio evolutivo intermediário entre o autoerotismo e o amor de objeto. Percebe-se o papel fundamental que o narcisismo

exerce desde o autoerotismo até a eleição de objeto. Nesse sentido, Freud afirma:

> Indagações recentes nos chamam a atenção sobre o estágio evolutivo da libido, estágio que se atravessa no caminho que vai do autoerotismo ao amor de objeto, foi designado *"Narzissismus"*, prefiro a designação *"Narzissmus"*, não tão correta talvez, porém mais breve e mais sonora. Consiste em que o indivíduo empenhado no desenvolvimento, e que sintetiza em uma unidade suas pulsões sexuais de atividade autoerótica, para ganhar um objeto de amor se toma primeiro a si mesmo, ao próprio corpo, antes de passar deste à eleição de objeto em uma pessoa alheia. (1911/1976, p. 56)

Assim, Freud (1910/1976, 1911/1976) assinala a importância da direção tomada pelo investimento libidinal e alerta também quanto ao risco de predomínio ou manutenção desses modelos psíquicos de investimento. O tema da fixação é abordado por Freud considerando a ocorrência de uma situação na qual a pessoa não sairia completamente da etapa do narcisismo. Ainda no texto de 1911, Freud recomenda atenção para o que pode ocorrer, assinalando que

> Vale dizer que pessoas que não se soltaram por completo do estágio do narcisismo possuem ali uma fixação, que pode ter o efeito de uma predisposição patológica, estão expostas ao perigo que um desbordamento da libido que não encontre outro decurso submeta suas pulsões sociais a uma sexualização, e, deste modo, desfaça as sublimações que havia adquirido em seu desenvolvimento (1911/1976, p. 57).

Korovsky e colaboradores (1999), ao comentarem esse trecho da obra de Freud, consideram que a fixação em uma etapa narcisista pode resultar em uma regressão provocada tanto pela frustração na relação de objeto como também pela ocorrência de um brusco incremento libidinal, que não pode tramitar nem ser processado adequadamente. Freud (1911/1976), no decorrer de seu texto, apresenta nas conclusões duas teses importantes que dão sustentação à teoria libidinal. Ele propõe que a neurose surge, essencialmente,

anotações

dos conflitos entre o ego e a pulsão sexual, e que suas formas trazem a marca da história do desenvolvimento da libido e do eu. É em 1914, ao escrever "Introducción del narcisismo", que Freud (1914/1976) sustenta os argumentos sobre o narcisismo com valor de conceito psicanalítico. Encontra-se, assim, a seguinte afirmação freudiana

> A observação também nos indicou que talvez essa libido, que podemos designar de narcisismo, abranja um campo bem mais vasto do que o das perversões, e também que se poderia atribuir a ela um importante papel no desenvolvimento sexual normal do ser humano. (1914/1976, p. 97)

Na descrição do narcisismo fora da exclusividade do terreno da psicopatologia, que Freud apresenta em 1914, percebe-se a relevância do movimento identificatório no processo de construção do si mesmo. Nesse panorama, o conceito de narcisismo abre um espaço para que se leve em conta a importância da qualidade das relações existentes entre o eu e os objetos. Essa qualidade está intrinsecamente ligada ao vivido no tempo primeiro do eu e seu encontro com objetos de investimento. Destaca-se aqui a afirmação freudiana de que ". . . é uma suposição necessária a de que uma unidade comparável ao eu não esteja presente no indivíduo desde o início; o *Eu* precisa antes ser desenvolvido" (1914/1976, p. 99). A afirmativa freudiana não deixa dúvidas no sentido de que o *Eu* não pode ser comparado com uma instância cujo surgimento se dê à margem de um campo intersubjetivo. Na sequência de seu texto de 1914, Freud esclarece: ". . . é necessário supor que algo tem de ser acrescentado ao autoerotismo, uma nova ação psíquica, para que se constitua o narcisismo" (1914/1976, p. 99). Dessa frase, grifam-se três expressões: *acrescentado*, *ação psíquica* e *narcisismo*, ou seja, algo que não está e que é da ordem do psíquico constitui *o si mesmo*. Propõe-se, dessa forma, que aquilo que é oferecido pelo objeto externo terá papel decisivo na configuração da imagem de si.

O texto de Freud de 1914, como escreve Amaral (1997), pode ser considerado "um passo decisivo para a elucidação dos processos identificatórios" (p. 84). Encontra-se nos comentários editoriais de Strachey ao volume 14 da *Standard*

Edition (in Freud, 1914/1976) a afirmação de que esse texto de 1914 é um dos mais importantes trabalhos de Freud, em que ele aborda os problemas mais profundos das relações entre o Eu e os objetos externos.

Na parte II dessa produção teórica, Freud (1914/1976) refere que há uma importante e fundamental relação entre o que será projetado como ideal da criança e as condições narcísicas dos pais. Freud explicita com clareza essa inter-relação: ". . . o comovedor amor parental, no fundo tão infantil, não é outra coisa senão o narcisismo renascido dos pais, que, ao se transformar em amor objetal, acaba por revelar inequivocamente sua antiga natureza" (1914/1976, p. 110). Na sequência dessa ideia, Freud descreve as formas como os pais, por meio da relação com o filho, fazem renascer e atualizam aspectos do próprio narcisismo. Assinalando o quanto a superestima governa o vínculo afetivo, Freud escreve:

> Assim, eles se veem compelidos a atribuir à criança todas as perfeições – ainda que uma avaliação sóbria não desse motivo para tal –, e tendem a encobrir e esquecer todos os defeitos dela. Essa atitude se relaciona com a negação (*Verleugnung*) da sexualidade infantil. Mas também prevalece a tendência de dispensar a criança da obrigação de reconhecer e respeitar todas as aquisições culturais que outrora os pais foram obrigados a acatar em detrimento de seu próprio narcisismo. Também se inclinam a reivindicar para a criança o direito a privilégios aos quais eles, os pais, há muito tiveram de renunciar. (1914/1976, p. 110)

Logo, é evidente o valor da condição psíquica de investimento por parte dos pais na criança quando seu aparelho psíquico começa a se estruturar. Com certeza não é uma mera casualidade o fato de que o conceito de narcisismo tenha provocado importante reformulação na teoria pulsional sustentada por Freud até então. O narcisismo impede que a sexualidade e a autoconservação estejam em campos opostos, evidenciando, ao contrário, o quanto se mostram interdependentes. Nesse sentido, Hornstein considera que, "para que haja autoconservação, esse *eu* tem que ter sido narcisizado" (1989, p. 156). O narcisismo, ao mostrar a possibilidade, assim como a necessidade, de investimento

anotações

anotações

sexual no eu, põe em evidência a qualidade e a modalidade do que é ofertado de fora a um aparelho psíquico incipiente. A história da construção do eu também conta o que passou a fazer parte do si mesmo, via internalização dos enunciados identificatórios parentais.

O narcisismo abre um espaço essencial e de fundamento no campo psicanalítico no que diz respeito à importância dos investimentos libidinais para o surgimento do eu. Para Hornstein,

> Em 1914, Freud explora o narcisismo como uma fase libidinal. Como um aspecto da vida amorosa relacionado com a autoestima, como a origem do ideal do ego, como uma etapa do desenvolvimento conjunto do ego e dos objetos e como investimento do ego. (2000, p. 133)

Essas diferentes formas de exploração do conceito do narcisismo evidenciam sua relevância no campo psicanalítico. É também abordado no texto freudiano de 1914 o papel desempenhado pelo narcisismo parental, não só no estabelecimento de ideais, mas também no que diz respeito à dinâmica e à intensidade dos conflitos intrapsíquicos. Nessa direção, assinala Hornstein que "... prazer, valor, realidade marcarão as bordas do conflito. O psiquismo tem vários atratores, cada um com sua origem histórica: demandas pulsionais, exigências superegoicas e exigências da realidade. E em função desses atratores se define a trajetória singular do sujeito" (2000, p. 134). No entendimento de Hornstein (1989), encontra-se, nesse mesmo item do texto freudiano, a possibilidade de sustentar a afirmação de que o narcisismo da criança deriva de um campo intersubjetivo. Ao retomar o eixo do pensamento freudiano sobre o efeito do nascimento de um filho no narcisismo parental, o autor considera que

> O narcisismo da criança é o efeito do entrecruzamento do discurso do desejo dos pais, no qual eles tentam obturar uma falta essencial. Essa ilusão narcisista, que a criança representa para os pais, é fundamental para que se constitua o narcisismo primário. Como veem, somos efeitos de uma ilusão. (Hornstein, 1989, p. 173)

Portanto, a construção da criança como sujeito psíquico relaciona-se ao fato de que seja cuidada com qualidade libidinal prazerosa, sendo aquele que cuida capaz de ter uma representação da criança como alguém diferenciado de si mesmo. Nessa direção, as proposições freudianas a respeito do narcisismo permitem pensar a estruturação psíquica fora do campo da psicopatologia, ao mesmo tempo em que fornecem subsídios às especificidades observadas nas diversas formas de padecimento psíquico.

Ao descrever a relação entre o amor por si mesmo já desfrutado pelo eu verdadeiro na infância e a constituição do eu ideal, Freud considera que "o narcisismo surge deslocado nesse novo Eu que é ideal e que, como o Eu infantil, encontra se agora de posse de toda a valiosa perfeição e completude" (1914/1976, p. 112). Na sequência de seu raciocínio, Freud assinala o quanto o ser humano resiste a renunciar à satisfação já desfrutada, não querendo abrir mão do experimentado na infância. Alicerçado no raciocínio implicado nessas ideias, ele apresenta o conceito de ideal do eu. Mediante esse conceito, passa a existir no devir a possibilidade de resgatar aquilo que ficou interditado no sujeito pelo processo civilizatório. Tal descrição parece dar conta da referência feita à contribuição que o narcisismo viabiliza em termos do processo de estruturação psíquica fora do campo da psicopatologia.

Ao retomar a linha de raciocínio desenvolvida a respeito do trauma, cabe questionar sobre a diversidade do destino daquelas experiências nas quais o Eu infantil não desfrutou dessa valiosa sensação, mesmo que ilusória, de perfeição e completude no campo intersubjetivo. Para evitar equívocos teóricos e técnicos decorrentes de uma indiscriminação entre o funcionamento da patologia psicótica, da patologia neurótica e a modalidade de padecimento psíquico que se configura na metapsicologia do trauma, conforme desenvolvida neste livro, torna-se necessário demarcar diferenças no que diz respeito ao processo de estruturação do *Eu*.

A problemática psicótica está centrada na especificidade das falhas existentes no processo de constituição de um Eu diferenciado do não eu. Portanto, ao descrever o funcionamento psicótico, Freud (1914/1976) aborda os sintomas como decorrentes de uma importante frustração

anotações

anotações

que resulta em uma introversão da libido e, por conseguinte, em uma ruptura de investimento na realidade externa.

Em relação à problemática neurótica, parece existir uma menor possibilidade de equívocos teóricos e técnicos em relação ao exposto como psicopatologia, que tem, na vivência de indiferença, a sua origem e, no ato-dor, sua forma de expressão. Uma vez que a neurose se situa no cenário da problemática do drama edípico, os desejos recalcados representam-se nas operações de retorno. Já em relação ao padecimento psíquico que tem como fundamento a vivência de indiferença e no ato-dor uma forma de reprodução de uma matriz de intensidades, o que se apresenta é uma modalidade singular de *constituição do Eu*, a qual não implica uma impossibilidade de diferenciação com o não eu e tampouco será no Édipo que se encontrará sua etiologia.

O prejuízo psíquico aqui se faz evidente no campo da alteridade, não por meio de uma ruptura com o real (psicose), tampouco de repetição oriunda do recalcamento (neurose), e sim por meio da repetição que atualiza aquilo que foi intensamente experimentado, mas segue como fugitivo do campo representacional. Nessa modalidade de repetição, é o desligamento, o mortífero, o excesso não metabolizado que impulsiona a expressão de dor. Aqui o sujeito convoca o outro a ser um duplo na repetição de sua história traumática. Enquanto na psicose se faz presente a desconsideração do real, e na neurose o predomínio é da fantasia, no ato-dor atualiza-se uma matriz de intensidade da indiferença vivida no encontro primordial com o outro. O sujeito do ato-dor tornou-se refém do agente da indiferença, ficando impedido de *ser* o titular de sua ação própria. Nesse sentido, está desapropriado em si mesmo, e no aprisionamento dessa identificação incorpora aquilo que lhe foi ofertado nos moldes de indiferença.

Os enunciados identificatórios que marcam o campo do traumático deixam o sujeito impedido do acesso à alteridade, uma vez que o si mesmo ficou refém de uma repetição oriunda do espaço psíquico compartilhado na intensidade da vivência de indiferença. No ato-dor, trata-se de compreender a função que a dor tem para o si mesmo, que encontra na ação uma forma de atualizar o vivencial histórico. A angústia, relacionada à fratura nos recursos para atribuir sentido àquilo que o

ataca por dentro, expressa-se via importantes impedimentos em relação ao si mesmo e tem desdobramentos singulares no campo da alteridade.

Ao ampliar a leitura a respeito do narcisismo na dimensão clínica do trauma, resgata-se a versão do mito na interpretação de Ovídio na terceira parte de seu texto *Metamorfoses*, poema do primeiro século da era cristã (citado por Roudinesco & Plon, 1998). Essa versão abre possibilidades de reflexão a respeito do papel do outro na vivência de indiferença, que serve como eixo central do raciocínio aqui apresentado.

A ninfa Liríope, depois de ser violada por Céfiro, deus das águas, atribui o nome de Narciso a seu filho. A história de Narciso, depois de sua concepção e de seu nascimento, é marcada por uma espécie de silêncio até sua puberdade. Na narrativa sobre o mito, sabe-se que, aos quinze ou dezesseis anos, Narciso era um jovem belo, arrogante e desdenhoso. Nenhuma jovem comovera seu coração. Diante da declaração apaixonada de Amênio, Narciso rechaça-o, entregando-lhe uma espada. Ao cravá-la no próprio peito, Amênio clama vingança contra seu inatingível amado; na expressão de seu ódio e rancor, suplica que Narciso ame na mesma intensidade e que, portanto, nunca consiga possuir seu amado. Essa súplica é ouvida por Artemisa, a qual faz então com que Narciso, em suas habituais caçadas, pare para beber em uma fonte. Ao saciar sua sede, Narciso acredita vislumbrar na água uma figura de extrema beleza que parece chamá-lo. Ele, então, procura segurá-la a fim de fundir-se a ela. O espelho d'água se quebra a cada tentativa, mas Narciso não desiste, persiste em uma repetição compulsiva até morrer, caindo inanimado na beira da fonte (Ovídio, citado por Mayer, 1989).

Na narrativa do mito de Narciso, revela-se que seu nascimento decorre de um ato de violação. Nessa ação violenta, ele é gerado, o que não significa ser desejado. No vácuo de sua história entre o nascimento e a adolescência, pode-se inferir o predomínio de uma experiência não amorosa em relação a seus genitores. Parece estar ausente nessa narrativa todo o processo descrito por Freud em relação ao fato de o filho representar para os pais um objeto de investimento amoroso, o que o faz ocupar um lugar idealizado.

anotações

anotações

Tomando-se o desejo de Amênio por Narciso como um representante do desejo parental, encontra-se a vingança, a expectativa de que a vida de Narciso seja marcada pela ausência de um encontro amoroso. Assim, nessa versão do mito, o outro, por sua pobreza afetiva, condena o Eu a uma história de repetição daquilo que expressa como ódio e rancor. Na ausência de história amorosa, faz-se presente uma vivência de indiferença. Frente à dramaticidade do vivido, ou melhor, na intensidade da indiferença experimentada, Narciso parece impossibilitado de exercer a capacidade de amar. Responde à declaração do amor de Amênio com a oferta de uma espada. Enclausurado em si mesmo, padece e definha. A compulsão de sua busca por si mesmo faz com que, na luta entre Eros e Tânatos, a vitória seja daquele que representa o que está desvitalizado, destruído, desinvestido.

Segundo Mayer (1989), encontra-se na bela recriação proposta por Oscar Wilde outra possibilidade do mito de Narciso. Para Wilde, diante da notícia da morte de Narciso, as ninfas pedem à Fonte que lhes forneça água para que possam chorar por ele. Mas, diante da resposta da Fonte de que mesmo que todas suas águas se transformassem em lágrimas, ainda não seriam suficientes para chorar a morte de Narciso, as ninfas passam a enaltecer sua beleza e a facilidade de vê-lo para amá-lo. Quando uma das ninfas comenta que Narciso passava todo o dia inclinado sobre o espelho das águas da Fonte, esta prontamente responde: ". . . pois se eu o amava, era porque gozava vendo em suas pupilas o reflexo de minha própria beleza" (Wilde, citado por Mayer, 1989, p. 19). A impactante resposta da Fonte dá a dimensão da impossibilidade de registrar a diferença que a presença do outro impõe. Ao buscar seu próprio reflexo em Narciso, ele, como diferente, deixa de existir, ou seja, para a Fonte, chorar a morte de Narciso é muito mais um lamento pela perda do reflexo de sua própria beleza.

Essa versão do mito sustenta o conceito de indiferença na medida em que a violência do não reconhecimento do outro como um diferente denuncia a precariedade da capacidade de investir. Assim, torna-se perturbador e intromissivo aquele investimento que decorre de usurpação do direito do outro de existir como tal, e não como mero objeto de *reflexo* da *beleza* alheia.

vivência de indiferença
do trauma ao ato-dor

Retomando o texto freudiano de 1914, percebe-se que a resposta da Fonte alude a outra dinâmica de relação possível entre o Eu e seus objetos. Mesmo que o investimento parental na criança seja decorrente de uma "revivescência" e de uma "reprodução" de seu próprio narcisismo, algo foi abandonado pelos pais para que a criança seja narcisisticamente investida. Na impossibilidade de investir a criança como objeto de amor, denuncia-se o enclausuramento das figuras parentais no registro da indiferença.

A dinâmica da construção do si mesmo no cenário da indiferença não deixa dúvidas quanto à diversidade dos efeitos que dão conta da tragédia de Narciso e do drama de Édipo. Conforme já referido, tomando como eixo a versão apresentada do mito, percebe-se a violação como marca de origem. O excesso inaugura a história, e dele derivam-se as formas de (des)investimento no Eu incipiente. O trágico expresso nas palavras da Fonte se dá por conta, não da ignorância do desejo edípico, mas sim da impossibilidade primeira de um olhar que, ao narcisizar, faz surgir um Eu com recursos facilitadores para investir em si e no outro. A condenação aqui se dá à medida que a indiferença ofertada será a herança da qual o Eu, ao apropriar-se, reproduzirá na intensidade de seus atos. O ato-dor é o mais cruel testemunho da captura do Eu em um singular processo de estruturação do si mesmo.

Cabe resgatar aqui a noção de trauma como produtor de efeitos no território do excesso, no qual a vivência primordial ficou indelevelmente marcada pela condição de instabilidade. Hornstein (2007) descreve a essencial relação entre a mãe e seu bebê, considerando o processo de estruturação do Eu. Segundo o autor,

O Eu não existe ao começo, mas advém, vai advindo. O bebê necessita que a mãe seja capaz de decodificar o que ele "obscuramente" transmite e de compreender que ele necessita de estímulo e tranquilidade, tranquilidade e estímulo. A criança, para controlar os estímulos, cria representações simbólicas que organizam a pura excitação. No entanto, a mãe cumpre essa função, provisionalmente, função que paulatinamente deverá deixar. Se sua angústia lhe impede de cumpri-la, ocorrerá fragilidade na organização psíquica da criança. Se apressa, se não gradua

anotações

os prazos, instala-se a onipotência simbiótica, enquanto que apaziguamentos demasiado longos proporcionam o desespero. (2007, p. 159)

No cenário de indiferença, essa descrição apresenta-se na incapacidade materna não só de decodificar, mas, principalmente, de dirigir um olhar amoroso para a criança que permita percebê-la, apaziguá-la e investi-la libidinalmente. A função materna, no cenário de indiferença, dá conta da impossibilidade de captar os movimentos e as demandas da criança, que são expressões de diferença que ela em sua existência aporta à vida da mãe.

Essa modalidade do si mesmo constitui-se na instabilidade entre o apaziguamento e um excesso que atordoa. Daí resulta um tramado cuja fragilidade predominará como uma matéria-prima de construção do si mesmo. Ressalta-se que não se trata do Eu desestruturado da psicose, mas sim de um si mesmo que se estrutura no impacto da indiferença experenciada no encontro com o semelhante.

As proposições a respeito do trauma e do si mesmo desembocam em uma leitura de psicopatologia que permite, a partir das configurações singulares do si mesmo, situar a vivência de indiferença como uma matriz que se reproduzirá incessantemente no campo da alteridade. Assim, o si mesmo, capturado no desejo indiferente do semelhante, apresenta-se na modalidade da própria indiferença experenciada. Via identificação com o desejo narcisista do outro, o campo psicopatológico atualiza efeitos de excesso e de fragilidade que se expressam em *ato-dor*.

O conceito de *Eu* torna-se fundamental tanto no que diz respeito às vivências, nas quais o prazer do amar e do trabalhar marcam a vida do sujeito, como nas proposições de uma psicopatologia psicanalítica. Nesse sentido, no campo do padecimento, o processo de estruturação do *Eu* precisa ser resgatado para sustentar a leitura singular a que se propõe a Psicanálise em um processo analítico. É na história do Eu que se encontram os recursos que fundamentam a compreensão de efeitos por meio dos quais se reproduz a impossibilidade de acesso à autonomia e à liberdade, tornando o sujeito refém do enigmático.

A psicopatologia, que aqui encontra sua etiologia singular, dá conta de uma história que impede a capacidade de registrar, perceber, metabolizar, entrar em relação com o que é seu e o que é do outro. Esse cenário de indiferença limita consideravelmente o espaço de experiência amorosa. Na medida em que não é amado, Narciso não pode amar. A violência com que foi gerado condena-o à repetição fazendo aquilo que foi vivido com as figuras parentais encontrar outro destinatário, como uma reprodução.

O campo da alteridade é invadido pelo matiz da indiferença, permitindo que a repetição do mortífero danifique os investimentos do *Eu*. Resgatar a dinâmica do processo de construção do si mesmo, longe de estabelecer uma linha de casualidade linear, exige que se adentre em um território de complexidade. O *Eu* que emerge do cenário de indiferença traz em suas repetições distintos matizes, ou seja, a expressão de complexidade presente dá-se nos desdobramentos que permeiam seus encontros posteriores. Portanto, o que se repete pode ser tanto da ordem da indiferença sofrida como também daquilo que associativamente deriva dela. O ressentimento, a vingança, a desesperança e alguns padecimentos físicos são configurações dinâmicas dos desdobramentos da indiferença experimentada.

Pode-se pensar essa dinâmica de construção do si mesmo no cenário da indiferença, assemelhando-a a um possível recurso de sobrevivência psíquica. A metapsicologia freudiana fornece subsídios para explorar as consequências dessa dinâmica psíquica em seus três registros: tópico, econômico e dinâmico.

O si mesmo, em sua singularidade aqui explorada, denuncia um aprisionamento, o qual, do ponto de vista econômico, denuncia a invasão de intensidades não apaziguadas pelo outro do encontro primordial. Dessa forma, as modalidades de investimento libidinal, tanto no registro da autoestima como nas relações estabelecidas, deixam expostas as fraturas do alicerce de um psiquismo, o qual, desautorizado em sua condição de existir, ou ataca ou ignora.

No registro tópico, trata-se da inscrição de uma memória do efetivamente experienciado no terreno de vigência de intensidades. Conforme exposto no Capítulo I, a impressão, mesmo não inscrita no sistema representacional, existe como expressão de pura intensidade. Assim, a sensação experenciada na vivência de indiferença resulta em uma tendência à repetição. Trata-se, então, de resgatar o fato de que as impressões resultam em uma "exigência" ao psíquico, mais especificamente uma exigência à memória (Garcia-Roza, 1991, p. 55).

O ponto de vista dinâmico pode ser encontrado na expressão do ato-dor que reproduz, mas não cria, a significação da cena impressa na matriz. A referência ao recurso de sobrevivência psíquica está sustentada na afirmação de que, sob a vigência da desautorização, não é possível ao sujeito juntar a intensidade do que o invade e que o condena à repetição com a indiferença ofertada pelo outro. Nessa leitura, do ponto de vista dinâmico, busca-se uma importante contribuição do psicanalista Luis Cláudio Figueiredo. A partir de sua experiência clínica com pacientes não necessariamente perversos ou psicóticos, Figueiredo (2003) desenvolve um interessante raciocínio a respeito da *Verleugnung*. Recorta-se, neste capítulo, principalmente a contribuição do autor no que diz respeito à tradução desse mecanismo para o termo *desautorização*. Considera-se que a tradução abarca a proposição aqui desenvolvida a respeito de um recurso de sobrevivência psíquica, do qual lança mão o sujeito da experiência de indiferença.

Para Figueiredo, em sua proposta do termo desautorização,

> O que se recusa não é uma dada percepção, mas o que vem ou viria depois dela, seja como uma outra percepção que a primeira torna possível, uma possibilidade de simbolização, uma conclusão lógica aparentemente necessária ou uma lembrança que a percepção pode reativar. (2003, p. 60)

Nesse sentido, a ênfase singular de uma dinâmica processual de um psiquismo fornece um importante alicerce para o pensamento teórico e clínico aqui desenvolvido para o trauma. No enlace com o conceito de narcisismo, o aspecto essencial de ocupar o lugar de "sua majestade, o bebê", resulta em condições psíquicas constituídas a partir do investimento recebido do outro. Assim, certamente, constata-se a importância de que, no processo de narcisização, o trono tenha sido efetivamente ocupado por aquele que, nesse momento, precisa experenciar tal acolhida. Nesse sentido, diante de empecilhos que resultem na impossibilidade de experenciar essa ocupação ilusória, mas necessária, não é só o trono que fica vazio.

A dramaticidade do processo de construção de si mesmo está na identificação com a incapacidade de amar e seus efeitos danosos para o sujeito. Se, como afirma Hornstein, somos efeitos de uma ilusão (1989), no cenário do narcisismo, no qual a criança é efetivamente tomada como objeto de investimento amoroso, trata-se de ser um sujeito com importante prejuízo, tanto no que diz respeito à autoestima como no que envolve sua capacidade de tomar o outro como objeto de amor. Se o que lhe foi ofertado é a indiferença, como será possível amar?

O enfrentamento dos desafios propostos na complexidade dos tempos atuais exige que a herança freudiana seja constantemente preservada em sua essência, ou seja, a capacidade interrogativa e a abertura àquilo que ocorre em seu entorno não podem ficar soterradas. Assim, lançar mão de avanços e estudos de psicanalistas que seguem a via interrogativa a partir da experiência cotidiana da clínica resulta no compromisso de produzir conhecimento e consolidar a essência da psicanálise.

No livro *Ética e técnica em psicanálise*, escrito por Luis Cláudio Figueiredo e Nélson Coelho Júnior (2000), encontra-se um exemplo do exercício de vitalizar a herança freudiana. Os autores retomam aspectos do texto "Más allá del principio de placer", escrito por Freud em 1920, e propõem algumas notas sobre o que denominam "*metapsicologia da reserva*".

Ao discorrer sobre o raciocínio freudiano, que tem como base a analogia entre uma vesícula de matéria viva e uma situação traumática, os autores referem-se à importância para a sobrevivência da vesícula da produção de uma "*crosta*". Assinalam, porém, a insuficiência desta quando da ruptura provocada por um episódio traumático, o qual exige, para que haja uma segunda defesa, a disponibilidade de uma quantidade de energia que tenha sido posta em reserva e que, ao entrar em uma cena, possa acudir "... aos pontos

anotações

anotações

de ruptura por onde jorra o fluxo traumatizante de energias livres invasoras" (Figueiredo & Júnior, p. 56).

A partir do profícuo raciocínio desenvolvido por eles, trata-se aqui de aproximar essas contribuições pertinentes à dramática construção do si mesmo no cenário da indiferença. Pode-se pensar que tanto a crosta como a energia em reserva falam da qualidade do que pode ser inicialmente constituído. É legítimo, na sequência do raciocínio, afirmar que tanto a fragilidade da crosta quanto a precariedade da reserva cobram um preço não só na economia interna, mas também nas trocas com o outro.

Outro aspecto referido pelos autores apresenta ". . . a extrema densidade da crosta" (Figueiredo & Júnior, p. 57), a qual não permite a entrada de energia, tampouco o acúmulo de reservas. Essa dinâmica, quando associada à temática da indiferença, põe em evidência o que aqui denominamos *fratura*. O Eu, resultado desse processo, fraturado na mobilidade de investimentos, encontra sérios e quase intransponíveis padecimentos associados ao temas da confiança.

Um dos aspectos que merece especial destaque é o dano instaurado e reproduzido no registro da confiança. Trata-se de uma situação na qual a desconfiança surge como um pobre e limitado recurso aparente de cuidado consigo mesmo. Nessa modalidade de aproximação, o que se evidencia é a desconfiança do sujeito por não saber o que o outro pode fazer com ele, mas também por não saber o que fazer com o que é do outro.

Sem dúvida, esse é um eixo a ser considerado da escuta de analisandos, cujas histórias remetem ao cenário da indiferença. A desconfiança ou a evitação de correr riscos ao confiar pode equivocadamente ser vista como um recurso fóbico ou expressões de um sujeito deprimido, porém não é disso que se trata quando a desmesura da indiferença marca uma história. Como poderá *fiar-se* no outro se não pôde ter um fiador? Na assimetria do encontro primeiro, não havia capital por parte do adulto que lhe desse a ilusão da extinção de seu desamparo. O ato-dor é a expressão da captura de investimentos no tempo futuro pela violência e desmesura do vivido em um tempo passado. O parco capital afetivo

vivência de indiferença
do trauma ao ato-dor

arrecadado decorre de uma capacidade fraturada de investir. A crosta precisa parecer intransponível pela falta de reservas em relação ao si mesmo.

Na versão do mito de Narciso aqui explorada, a desmesura está presente das mais diversas formas, desde a violação de uma origem até a impossibilidade de sentir uma perda. Como bem disse Freud, em seu texto de 1914, para que à criança sejam atribuídas todas as perfeições, os pais devem acatar seus limites.

A Psicanálise surge como teoria, método e técnica que reconhece no sujeito o direito à singularidade. O si mesmo construído no cenário de indiferença buscará reproduzir no encontro analítico a desautorização de sua diferença, assim como se fará presente a impossibilidade de modalidades de investimentos distintos da matriz experimentada. Torna-se, portanto, um desafio à escuta psicanalítica o encontro singular com essas manifestações de ato-dor.

anotações

REFERÊNCIAS BIBLIOGRÁFICAS

Amaral, M. (1997). *O espectro de narciso na modernidade: de Freud a Adorno.* São Paulo: Estação Liberdade.

Figueiredo, L. C. (2003). *Psicanálise: elementos para a clínica contemporânea.* São Paulo: Escuta.

Figueiredo, L. C., & Júnior, N. C. (2000). *Ética e técnica em psicanálise.* São Paulo: Escuta.

Freud, S. (1910/1976). Un recuerdo infantil de Leonardo da Vinci. In J. Etcheverry (Org. e Trad.), *Obras Completas de Sigmund Freud* (Vol. 11, pp. 53-127). Buenos Aires: Amorrortu.

Freud, S. (1911/1976). Pontualizaciones psicoanaliticas sobre un caso de paranoia (*dementia paranoides*) descrito autobiograficamente. In J. Etcheverry (Org. e Trad.), *Obras Completas de Sigmund Freud* (Vol. 12, pp. 3-76). Buenos Aires: Amorrortu.

Freud, S. (1914/1976). Introducción del narcisismo In J. Etcheverry. (Org. e Trad.), *Obras Completas de Sigmund Freud* (Vol. 14, pp. 65-98). Buenos Aires: Amorrortu.

Freud, S. (1914/2004). À guisa de introdução ao narcisismo. In L. Hannz (Org e Trad.), *Obras Completas de Sigmund Freud* (Vol.1, pp. 97-131). Rio de Janeiro: Imago.

Freud, S. (1920/1976). Más allá del principio de placer. In J. Etcheverry (Org. e Trad.), *Obras Completas de Sigmund Freud* (Vol. 18, pp. 5-62). Buenos Aires: Amorrortu.

Garcia-Roza, L. (1991). *Introdução à metapsicologia freudiana* (Vol. 2). Rio de Janeiro: Jorge Zahar.

Grunberger, B. (1979). *El narcisismo.* Buenos Aires: Editorial Trieb.

Hornstein, L. (1989). *Introdução à psicanálise.* São Paulo: Escuta.

Hornstein, L. (2000). *Narcisismo: autoestima, identidad, alteridad.* Buenos Aires: Paidós.

Hornstein, L. (2007). *Organizaciones fronterizas: fronteras del psicoanálisis.* Buenos Aires: Lugar Editorial.

Korovsky, E., Herrera, E., Perdomo, W., Pittaluga, A., Rapetti, R., Ruival, T. (1999). *El concepto de narcisismo en la obra de Freud*. Montevideo: Editorial Psicolibros.

Mayer, H. (1989). *Voltar a Freud*. Porto Alegre: Artes Médicas.

Roudinesco, E., & Plon, M. (1998). *Dicionário de psicanálise*. Rio de Janeiro: Jorge Zahar.

anotações

Capítulo IV

As manifestações de dor em ato e a potencialidade clínica

A concepção de psicopatologia, repensada aqui como um eixo organizador das proposições técnicas a serem apresentadas, tem como fundamento a importância da experiência de encontro com o semelhante. Não se trata de um encontro qualquer, mas sim do encontro com um outro que não exerce funções primordiais, considerando-se as necessidades específicas do processo de estruturação psíquica. Portanto, é necessário compreender o adoecimento psíquico a partir de uma concepção que priorize experiências do campo intersubjetivo e coloque em destaque a noção de acontecimento e de intensidades psíquicas.

A dor em ato, produto essencial da concepção de psicopatologia abordada, permite que se reafirme a importância de, em um processo de análise, não se desconsiderar a realidade exterior e que, por meio da escuta, possa capturar-se, na singularidade da história do analisando, os modos pelos quais seus efeitos se presentificam. Buscar pensar o trauma não apenas como efeito da intensidade devastadora de uma modalidade de encontro primordial, mas sim compreender a modalidade de estruturação do si mesmo que tem na matriz da vivência de indiferença a fratura atualizada de dor psíquica.

Reafirmando ser a clínica o nascedouro de inquietações que possibilitam a vitalidade da Psicanálise, exploram-se, neste capítulo, as implicações de um encontro analítico com a expressão da dor em ato, originadas nesse cenário de indiferença. A potencialidade clínica dessas manifestações adquire contornos singulares por meio das especificidades dirigidas a uma escuta e constitui um verdadeiro desafio clínico. Enfatiza-se nesta referência a potencialidade clínica, a demanda analítica de construção de uma condição que não está dada *a priori*.

Se, no cenário da neurose, a chegada à análise anuncia repetições a serem interpretadas, nas configurações de psicopatologia, que tem na construção do si mesmo a dinâmica já abordada, o desafio está em conceber uma escuta do *ato-dor* que se fundamente em outra qualidade de encontro com o semelhante-analista.

Constatam-se no cenário da Psicanálise atual relevantes publicações que apresentam, sob diferentes perspectivas, a

temática da ética do cuidado (Maia, 2009; Kupermann, 2009; Figueiredo, 2009). Sem dúvida, essas produções contribuem para que a clínica psicanalítica atente para o papel de responsabilidade do analista na condução de um processo que também o implica. Propõe-se, dessa forma, que a potencialidade clínica diante dos analisandos que trazem em sua história marcas de uma vivência de indiferença se insere na atenção à ética do cuidado. Porém, entende-se, ainda, caber a proposição de outra nomenclatura que reflita considerações sobre a implicação do analista na escuta dessa modalidade de psicopatologia: a *ética da contratransferência*.

A vivência de indiferença, constituída em sua essência pela marca de um excesso de intensidades, deixa o psiquismo aprisionado na repetição em ato de uma história na qual o acesso ao si mesmo e ao outro está prejudicado. Como protagonista da vivência de indiferença, por um lado, tem-se uma criança que não encontra oferta daquilo que lhe é psíquica e essencialmente necessário, e, por outro, um adulto impedido de exercer uma função própria da inegável assimetria desse encontro.

A psicanálise encontra na transferência sua ferramenta essencial de trabalho, porém, à medida que ela demanda um trabalho com que atualiza e invade o encontro analítico, torna-se necessário lançar um olhar atento àquele a quem ela se dirige. Nos estudos sobre a técnica, a referência ao jogo de xadrez feita por Freud pode ser aqui retomada e ampliada. Além dos movimentos de abertura e de fechamento de um processo, a tônica da singularidade de uma história trará ao encontro analítico movimentos imprevisíveis. Dessa forma, a única certeza presente pode ser a afirmação de uma ignorância em relação à transferência. Nas leituras equivocadas sobre o tema da neutralidade ou da recusa por parte do analista, configurou-se uma forma também de indiferença como sendo o que se espera dele nesse encontro. No desdobramento desses equívocos, confunde-se ortodoxia com rigidez, proximidade com sugestão, e, assim, cada vez mais, os analistas distanciam-se da possibilidade efetiva de exercer uma escuta marcada pela necessária neutralidade.

O tema da neutralidade alude à recusa de impor ao analisando um conhecimento que não seja fruto de sua própria participação ativa e genuína no processo de análise.

O que não significa desconhecer os efeitos dos movimentos de resistência, mas, ao contrário, dar direito para que surja no cenário transferencial o que é próprio de sua história.

Se a matéria-prima da análise faz referência ao conteúdo transferencial aportado pelo analisando, a contratransferência pode ser definida como o recurso por parte do analista para dar uma dinâmica única ao encontro analítico. A contratransferência fica associada à qualidade do movimento que cada processo terá ao ser considerada sua especificidade. Afirma-se, então, que a contratransferência é um valioso recurso ao processo de escuta.

Recuperando a afirmação de Figueiredo (1991) a respeito de estarmos todos inicialmente "dentro" dos outros, retoma-se o que se propõe denominar de "matriz de um encontro". Entende-se por essa matriz os efeitos do efetivamente experienciado nos encontros com o semelhante e que serve, a partir de marcas inscritas, como um arquivo de registros que armazena recursos ou fraturas a serem reproduzidos nas vicissitudes do si mesmo.

No processo analítico, o experienciado com uma matriz de indiferença adentra com força de ato e demanda, assim, uma condição de escuta, a qual invariavelmente precisará levar em conta o que aqui se propõe denominar de *ética da contratransferência*. A intensidade do experienciado pelo analisando exige a escuta dos importantes efeitos no Eu daquilo que foi inicialmente nomeado por um outro. A clínica insere-se como um lugar a mais nesse continente de repetições. O desafio à escuta analítica reside em encontrar, junto ao analisando, condições que historicizem o ato, nomeiem a intensidade de dor nele expressa para que, por meio da construção conjunta de uma versão singular da história, seja viabilizado ao si mesmo um genuíno processo de apropriação.

Em vista disso, alinha-se, como proposta técnica, junto a uma ética do cuidado, a modalidade de escuta que tem na *ética da contratransferência* seu principal sustento. Nessa concepção de clínica psicanalítica, o analista, por meio de sua escuta, deixa afetar-se e reconhece na história do analisando os efeitos da vivência de indiferença. Ao reconhecer o devastador efeito de apropriação do si mesmo, o desafio analítico está na linha de construção de recursos psíquicos que viabilizam tanto um trabalho de *discrimina(ação)* entre

anotações

a ação do outro e o efeito desta no si mesmo quanto um processo de discriminar-se do outro, ou seja, romper com a submissão via repetição da matriz da fratura. No processo de análise, é reconhecida e nomeada a força da indiferença, porém, na medida em que ela pode ser propriedade do outro de sua história, o analisando reconhece o efeito que esta tem nele e, assim, apropria-se da condição de ter uma ação por si mesmo.

O ato-dor, ao ser historicizado, rompe com a força da apropriação de um espaço psíquico usurpado pela indiferença do outro, resgata o espaço do si mesmo capturado na indiferença do outro. A ética da contratransferência, recurso imprescindível nesta modalidade de psicopatologia, consiste em não seguir a mutilação do si mesmo. O analista que não considerar os efeitos em si, diante da intensidade do que escuta e o convoca a reproduzir a indiferença, corre o risco de, ao ser capturado pela convocatória transferencial, não abrir um espaço para que dê voz e direito de nomeação ao analisando.

Considerando a especificidade da psicopatologia do si mesmo aqui explorada, diferente do campo da neurose, no qual a interpretação permite desvelar o recalcado, será a *interrogação* a ferramenta essencial no trabalho com a transferência. A interrogação convoca o sujeito a existir; se lhe é endereçada uma pergunta, é reconhecida sua existência e seu direito de pensar. Seu pensamento virá marcado pela indiscriminação entre o que é seu e o que não lhe pertence, porém a pergunta cria a condição de que o excesso possa ser nomeado e compartilhado numa modalidade de encontro, no qual a diferença pode existir.

Abrir uma questão e exercitar a complexidade que uma afirmativa exclui fomenta o desdobramento de diferentes lugares, diferentes leituras, diferentes sentimentos, diferentes formas de existir. Ao poder *questionar-se*, a palavra serve ao analisando como recurso de metabolização para o que inicialmente se apresentava em intensidade impensável. Reafirma-se, como diz Bleichmar (2006), não ser apenas a história-relato a fonte de toda informação possível em um processo de análise. A força das fraturas que têm vigência no ato encontra na representação das palavras outra possibilidade de destino.

Na modalidade de trabalho analítico, na qual a interpretação desvela sentidos, eles já existem. Na proposta de interrogar, trata-se de construir nexos, ligações, metabolizações para que, posteriormente, crie-se um sentido. Inaugura-se, nessa modalidade de encontro analítico, um dizer endereçado a uma escuta. É reconhecida a legitimidade da dor exposta no ato.

Na clínica, o sujeito da vivência de indiferença convoca seu analista a lançar mão da ética da contratransferência para que uma genuína escuta da dor de suas memórias, reproduzida via ato-dor, possa resultar na discriminação e na construção de sentidos. São atos de intensidade que ora encontram o si mesmo, ora encontram o outro como alvo. Adições, manifestações autodestrutivas, transbordamentos de angústia, oscilações desmedidas de humor adentram a escuta analítica na ilustração de atos que se reproduzem com uma intensidade e frequência desconcertantes.

Diferente do exercício perverso, no qual o ato está a serviço do uso do outro, aqui o outro não consegue ser percebido ou considerado como tal. A busca de sentido do ato-dor pode reproduzir a indiferença já experimentada na medida em que o analista atribua a essa modalidade de ato um gozo perverso. Na violência dessa leitura deixa-se o Eu novamente sem espaço para pensar-se ou construir recursos para ser na diferença com o outro.

A ética é reconhecer via escuta aquilo que pertence ao outro, mas que está desapropriado de si mesmo pela ação violenta de um encontro primordial. Não se trata da importância narcísica do ouvinte-analista, ou tampouco do que é importante para o ouvinte-analista, mas sim de uma ética que inaugure a possibilidade de o ator de atos passar a ser enunciante, deixando de ser mero reprodutor de atos sem palavras.

A clínica que conta a dor em ato revela o prejuízo instaurado nos registros da confiança. Confiar, considerando a ética da contratransferência, significa não atribuir ao analista um poder de repetir a violência de uma indiferença ao si mesmo. Dessa forma, a ruptura com a indiferença se dá no uso de recursos que, por meio do cuidado, levam à possibilidade de reconhecimento da diferença do si mesmo e do outro.

anotações

Como visto no capítulo anterior, na interpretação de Ovídio a respeito do mito de Narciso, a Fonte, com sua resposta, expressa a intensidade mortífera de um olhar de indiferença e de incapacidade de investir a diferença que a presença de um outro impõe. Como na cena da Fonte, na vivência de indiferença a criança ficou à mercê de ser apenas um reflexo do outro, reflexo complementar submetido ao desejo de apropriação do outro. Esse desejo mortífero desmente à criança sua diferença como sujeito. Portanto, o exercício da ética da contratransferência permite construir um espaço de confiança. Nesse sentido, não se trata de desvelar um enigma, mas sim de uma clínica que torna independente o sujeito de uma condição de não ser. Esse processo somente é possível se os efeitos da indiferença puderem fazer a diferença na escuta.

É nas armadilhas de existir alienado a si mesmo que Ivo conta os efeitos do fracasso da derradeira possibilidade de realização do desejo materno de *ter* uma menina como filha. O bebê Ivo confronta a mãe com a frustração de seu desejo de ser mãe de uma menina. No imperativo narcisista materno, Ivo é vestido como uma menina nos dois primeiros anos de sua infância. Possivelmente esse ato foi acompanhado de cuidados, de afagos, de brinquedos e de cores nomeados todos a partir da indiferença materna à diferença de Ivo. Nessa vinheta clínica, sublinham-se os elementos centrais da proposição metapsicológica desenvolvida a respeito do trauma. Diante da condição inerente de desamparo do sujeito, faz-se presente – e impõe-se – um excesso de indiferença que o desmente enquanto o outro do encontro. Assim, ao ser nomeado a partir do que não é, uma menina, o olhar, os cuidados, enfim, os enunciados maternos, falam da força advinda da intensidade de um processo de apropriação por parte de um outro do lugar do si mesmo. O desejo materno, em seu caráter impositivo, marcado por uma intensidade narcísica, invade e apropria-se de um território alheio. Ao nomear Ivo como uma menina, sua mãe designou-lhe um lugar de *não* ser, a menos que se submetesse à condição de *ser para o outro*. Ao ser *uma menina*, Ivo não é; portanto, as fraturas no si mesmo passam a ser exibidas como resultado de um violento processo de usurpação.

A partir da vinheta clínica, percebe-se que, diferente da clínica da neurose, no cenário que conta os efeitos da vivência de indiferença, não se trata de um trabalho de rememoração, mas sim de um trabalho analítico que visa a construir recursos para a apropriação de um território narcisisticamente invadido. A escuta dos atos de Ivo demanda nomear e historicizar a dor como efeito de indiferença. O abalo psíquico, do qual contam esses atos, não é da ordem de uma decepção edípica. Trata-se de um abalo nos investimentos do processo de narcisização necessários à construção do si mesmo.

Pedro traz em sua história episódios repetidos nos quais a violência contra si mesmo e o outro se inscrevem como companheiros diários que não lhe causam a menor estranheza. Familiarizado com sua leitura do cotidiano, na qual precisa estar "sempre pronto" para o ataque do outro, ilustra com uma associação que remete à sua infância. A ojeriza e repulsa à comida servida pela mãe são acompanhadas da compreensão de ser este um recurso materno de confronto hostil com o filho. Na ampliação da cena, podem-se abrir questionamentos à figura materna, adentrando o cenário uma imagem de mãe que nem ao menos reconhecia outras presenças à mesa de refeições além de si mesma. Na primeira versão, mesmo como destinatário da hostilidade materna, Pedro existia para a mãe. O custo de reconhecer a indiferença implicava priorizar a hostilidade do ataque.

O analisando protagonista dessa história traz ao campo transferencial o atordoamento psíquico, efeito de seu aprisionamento em uma matriz do cenário de indiferença. A convocatória transferencial que se faz presente precisa ser escutada para que possa ser construído nesse espaço um processo de apropriação, por parte do sujeito, dos recursos que ficaram usurpados pelo outro em sua história infantil. O analista, diante do relato de uma história vivida no cenário de indiferença que encontra expressão na dor em ato, tem já, por meio da escuta, um recurso de ingressar com o registro da diferença. Ao escutar, reconhece que ali está um outro que traz os desdobramentos de uma história própria e se recusa, na ética da contratransferência, a repetir em suas intervenções atos de invasão. Aqui a interpretação que desaloja os sintomas ao ceder lugar a perguntas pode desestabilizar a repetição dos atos. Na escuta, o analista instala a curiosidade, que inaugura

anotações

a descaptura de um território de certezas, permitindo ao analisando olhar-se, recuperar com outra configuração a própria imagem refletida em um espelho trincado.

Não se pode menosprezar, portanto, o efeito da força do mortífero na vivência de indiferença. Ana, ao construir uma versão para os abusos sexuais cometidos pelo avô e pelo irmão ao longo de quatro anos atribuiu a si mesma a responsabilidade da violência que lhe era impingida. A usurpação de seu corpo infantil, percebida, mas desconsiderada, pela indiferença materna, era argumentada por Ana como se ocorresse somente porque esses homens entendiam que lhe proporcionavam prazer. Assim, alterava a violência sofrida com a versão de prazer imposta pelo adulto da indiferença. No exercício de indiferença em relação a si mesma, Ana encontra um recurso para sobreviver psiquicamente à intensidade da violência experimentada. Identificada com uma incapacidade de amar e a impossibilidade de existir discriminada do outro, Ana constrói uma versão da história, a qual se, por um lado, possibilita-lhe não enlouquecer de dor diante da violência impingida, por outro lado, cobra o alto preço dos prejuízos que são reproduzidos incessantemente no campo da alteridade. Sem poder confiar e aprisionada a um lugar de desvalor, o investimento em si mesma e no outro atualiza as marcas da indiferença.

Por meio dessas vinhetas clínicas, encontra-se como ponto comum as demandas em ato em todas as relações precariamente construídas. Seja na intensa desconfiança de Ivo, na devastadora agressividade de Pedro ou nos desconcertantes maus-tratos de Ana, chama atenção a versão inicial de suas histórias, tanto no que diz respeito às atribuições ao si mesmo como ao que é delegado ao outro em seus encontros. Em suas falas, expressam a singularidade da dor, definindo-se a si mesmos como sendo uma espécie de *defeito de fábrica*. O percorrido analítico, por meio de uma escuta respeitosa, possibilita discriminar entre o que é imposto nessa primeira formulação e a diferença de discriminar o que agora é do reconhecido *defeito da fábrica*. Nessa transformação, na qual não são apenas letras que mudam o sentido, mas sim a possibilidade de discriminar entre o que é seu e o que é do outro, não é a atribuição do *defeito* ao outro que promove a recuperação das fraturas. Ao discriminar o que não lhe pertence, pode-se sair do lugar de alvo de uma relação hostil ou de submissão, deixando esse outro sem o poder mortífero outrora atribuído. Não significa alterar as condições precárias da *fábrica*, porém a discriminação abre espaços de distância e diferença em relação ao efeito destrutivo do que lhe é endereçado. Na medida em que no ato-dor testemunha um processo de desapropriação do si mesmo, reconhecer o direito a uma ação própria torna o sujeito independente dos efeitos da ação tanática do outro, abrindo novas condições à alteridade.

A Psicanálise oferece uma possibilidade de vitalizar e resgatar aquilo que está encoberto em ato. Na situação de escuta do ato, o sujeito é retirado de um lugar de indiferença e passa a ser reconhecido na diferença. Inicialmente, é essa diferença que precisa ser nomeada no ato-dor. O ato-dor é uma memória permanente da indiferença experimentada, é o testemunho da intensidade destrutiva de uma matriz inscrita com o selo da apropriação e usurpação do direito de ser. Quando o sujeito *pode ser* no registro da independência e autonomia em relação ao outro, é possível adentrar o espaço da alteridade e, então, escolher *estar com o outro*. Fora dessa condição imposta pela indiferença de ser para o outro, a escuta psicanalítica pode historicizar a intensidade do já vivido. Assim, reside na singularidade dessa história, agora escutada, a construção de novas vicissitudes de ser e estar na presença de um outro.

Percebe-se, na complexidade dessa clínica, a relevância de aspectos que poderiam ser considerados rotineiros na prática analítica, como as combinações de contrato. Nessas "rotinas" se cria a possibilidade de confrontar outras "matrizes". A diferença do experenciado na ética do exercício da psicanálise possibilita novos investimentos tanto nos objetos significativos como nas situações de vida e, ainda, viabiliza ao sujeito descobrir o valor de reconhecer o outro e reconhecer-se na diferença.

É no intenso trabalho de construção da capacidade de discriminar entre o si mesmo e o outro que o sujeito pode metabolizar o excesso que o invade por dentro, deixando-o à mercê do efeito repetido de intensidades para, então, conquistar novos espaços nos quais ocupe um lugar próprio. Quando analista e analisando estabelecem combinações que viabilizem o encontro analítico, o tema da confiança deixa

anotações

de ser um detalhe. Não se trata apenas de contratar aspectos formais, mas sim de estabelecer a especificidade de ações em um encontro marcado pelo reconhecimento das diferenças.

Contratar um processo no qual cabe ao analisando atualizar sua história implica que o analista não apenas se mostre disponível, mas que possa, efetivamente, exercer uma escuta ética, na qual esteja assegurado desde o início o direito à diferença do outro. O legado freudiano permite afirmar o psiquismo como um sistema aberto àquilo que também circula em seu entorno. Assim, a reflexão sobre os motivos que trazem os analisandos ao cenário da clínica psicanalítica permite parafrasear Freud (1895/1976) quando se refere à necessidade de uma *ação específica* no contexto da vivência de satisfação. Na escuta da intensidade de dor, fruto da vivência de indiferença, torna-se inegável a necessidade de uma *escuta específica*. O específico aqui não diz respeito a estabelecer focos ou predizer metas, mas sim a disponibilizar uma escuta sobre os efeitos de uma violência experenciada. O encontro analítico pode potencializar o que resultou no movimento, mesmo que incipiente, desses analisandos buscarem a análise, construindo novos recursos em relação ao cuidar de si. Muitas vezes, está presente nessas histórias um olhar, uma fala, uma referência de encontro que possibilitou vislumbrar outra qualidade de relação; a intensidade dessa diferença foi discrepante da intensidade de violência vivida, algo na diferença não passou despercebido. É como se o oferecido com outra qualidade desse um alento na busca por outra forma de existir que não a de estar sob o efeito do poder mortífero do outro.

Na sequência daquilo que abriu vias de facilitação para chegar ao espaço analítico, cabe ao analisando atualizar sua história e ao analista disponibilizar uma escuta regida pela ética da contratransferência. Semelhante a um processo de narcisização, a escuta analítica abre vias que retiram o ato do lugar único de expressão de intensidade. O aspecto econômico presente no ato permite compreendê-lo como uma forma de descarga, a qual precisa ser significada na história e resgatada do cenário de indiferença. Daí podem surgir atos nos quais o sujeito seja o verdadeiro e livre protagonista.

Traçando um paralelo à leitura proposta por Freud no "Proyecto" (1895/1976), o trauma aqui se relaciona a essa magnitude que ficou impedida de circular por não encontrar "vias facilitadoras". O espaço de análise, ao oferecer, a partir da escuta da singularidade de uma história, recursos de "facilitação" e desaprisionamento, instaura uma capacidade equivalente à ação específica da experiência de satisfação. Trata-se de criar vias facilitadoras para restaurar o alicerce trincado do si mesmo. No entanto, se o analista não exercer essa ação, reproduz-se no campo transferencial a indiferença da história. Por isso a leitura metapsicológica do trauma implica, sim, evidenciar a importância do acontecimento nas experiências primordiais do sujeito com o outro. Cabe ao analista não ser capturado pela intensidade dos relatos, não aceitar a convocatória de usurpação trazida pela repetição transferencial. O ato-dor é um inegável testemunho da capacidade de o acontecimento produzir efeitos danosos e de impedimento do sujeito ao legítimo direito de ser na diferença diante do outro.

Na afirmação da potencialidade clínica na concepção de psicopatologia cujo eixo é a vivência de indiferença, o lugar ocupado pelo analista, assim como seus recursos teóricos e técnicos, e, sobretudo, sua postura ética serão decisivos quanto às vicissitudes do encontro. A neutralidade na clínica que escuta o ato-dor terá de considerar o efeito das intensidades sobre a contratransferência. Mais do que neutralidade, o que se impõe aqui é o reconhecimento da diferença.

Ao reconhecer esse direito, o lugar do analisando, no árduo percurso de nomear o efeito do mortífero de sua história, estará assegurado. No cenário da indiferença, a neutralidade, quando aliada à ética da contratransferência, reconhece o valor da existência do outro.

A potencialidade da clínica psicanalítica está no *vir a ser* que o analisando é capaz de construir e no fato de que, na qualidade sensível da escuta do analista, lhe é oferecida uma via facilitadora aos investimentos necessários à recuperação de um si mesmo fraturado. Rompe-se, em vista disso, a força de uma matriz mortífera.

O corpo teórico da Psicanálise sustenta a esperança de que o método psicanalítico possa ser repensado e, portanto, revigorado pela surpresa que a condição singular do analisando é capaz de proporcionar. O processo de análise implica

anotações

um exercício de sentir que envolve os dois protagonistas: o sentir por parte daquele que conta e o sentir por parte daquele que escuta. Essa dinâmica, a qual resgata a sensibilidade e a implicação de uma história e desaprisiona o sujeito da imposição de indiferença, alicerça a construção de um devir que dá novos contornos à subjetividade.

REFERÊNCIAS BIBLIOGRÁFICAS

Bleichmar, S. (2006). La deconstrucción del acontecimiento. In G. Fiorini (Comp.), *Tiempo, historia y estructura: su impacto en el psicoanálisis contemporáneo*. Buenos Aires: Lugar Editorial.

Figueiredo, L. C. (1991). *A questão da intersubjetividade, uma falsa questão*. São Paulo: Mimeo.

Figueiredo, L. C. (2009). *As diversas faces do cuidado: novos ensaios de psicanálise contemporânea*. São Paulo: Escuta.

Freud, S. (1895/1976). Proyecto de Psicología. In J. Etcheverry (Org. e Trad.), *Obras Completas de Sigmund Freud* (Vol. 1, pp. 323-436). Buenos Aires: Amorrortu.

Kupermann, D. (2009). *Presença sensível: cuidado e criação na clínica psicanalista*. Rio de Janeiro: Civilização Brasileira.

Maia, M. (2009). *Por uma ética do cuidado*. Rio de Janeiro: Garamond.

Capítulo V

Sobre o devir

Ao reafirmar o legítimo compromisso com a Psicanálise, o ato da escrita surge como testemunho da identificação com a capacidade interrogativa de Sigmund Freud. Nesse sentido, produzir, em Psicanálise, sustenta tanto a afirmação da abertura presente na obra freudiana quanto o vigor de um modelo aberto de psiquismo que convoca constantemente a escuta a se deparar com os interrogantes.

No essencial movimento de revisão intrateórica, assim como nas trocas com diferentes aportes sobre a condição humana, o produto gerado no exercício cotidiano da escuta analítica impede a estagnação de um pensar sobre o padecimento e seus efeitos no sujeito de inconsciente. Escrever um livro possibilita a circulação de ideias e abre espaços de troca e interlocução na medida em que encontra em seus leitores inquietações e motivação para refletir sobre a complexidade da experiência psicanalítica.

Cabe nesse momento perguntar: afinal, de que trata este livro? Podemos agora responder que trata de uma forma singular de pensamento, ou seja, do propósito de compartilhar um *pensamento clínico*. Conforme escreveu André Green (2010), quando falamos de pensamento clínico, estamo-nos referindo às ". . . transformações ditadas pela angústia, o sofrimento, a dor, a estratégia para negá-los ou combatê-los, para tratar de se livrar deles, e também para tentar superá-los" (p. 14). Obviamente a clínica psicanalítica não pode ser pensada apenas pelo viés do analisando; o analista está também fortemente implicado no que nela ocorre. Assim, Green (2010) complementa suas referências ao pensamento clínico enfatizando que ". . . ele forja conceitos que expressam as razões do inconsciente, a diversidade de respostas exigidas pelos avanços deste, suas transformações em 'realizações alucinatórias', em atuações, somatizações, racionalizações, sob o efeito dos contrainvestimentos, que põem em ação o desinvestimento etc." (p. 14). O analista, com sua escuta, dá testemunho da força e da singularidade desses conceitos.

Este livro surge do reconhecimento da presença de complexidades que a Psicanálise legitima e reafirma em relação ao processo de constituição psíquica que inicia no encontro entre a criança e o adulto. Ao forjar o conceito de *vivência de indiferença* e, a partir dele, desenvolver um raciocínio que permita acompanhar um percurso humano

anotações

do trauma à dor em ato, é exposto um *pensamento clínico* que abarca as *estratégias* postas em cena por um sujeito atordoado pelo traumático experenciado. Na apresentação das ideias que resultaram neste livro, buscou-se a coerência com a especificidade do objeto de estudo da Psicanálise: um sujeito de inconsciente.

A vivência de indiferença ocorre no cenário de cenas traumáticas que protagonizam o efeito do excesso do desmentido em reconhecer no outro o outro que ele é. O sujeito psiquicamente organizado na vivência de indiferença, marcado por falhas sensíveis nas manifestações de amor e de ligações afetuosas, acha na clivagem do ego seu recurso de sobrevivência psíquica. Se, por um lado, esta é a saída possível; por outro, ela também danifica os recursos de potencialidade do ego, fragiliza a carga de investimentos em prejuízo ao prazer no campo da intersubjetividade e no sucesso de projetos pessoais, dificulta a manutenção de movimentos em direção da criatividade, não credita confiança nos domínios da alteridade. Esses sujeitos não são experimentados nos azares da vida, esses sujeitos são mutilados na organização do si mesmo pelo efeito de vivências que desautorizam sua condição de ser.

São sujeitos que chegam à clínica atordoados de angústia, seus afetos, pensamentos e percepções estão desconectados de suas produções simbólicas; a sexualidade desvia da finalidade do prazer para se confundir em dúvidas, em ambivalências, em idealizações que os distanciam de suas escolhas de objeto e os aproximam dos destinos parciais de satisfação. São analisandos entristecidos, eufóricos, queixosos, ressentidos, tanto em relação ao lugar que ocuparam junto dos personagens de suas histórias, como na oscilação de valor e significado do contato com o outro. Nesse descompasso em reconhecer-se, entende-se a dificuldade desses analisandos em confiar. Não se trata de fantasias persecutórias, mas sim de falhas no processo de narcisização que impossibilitam inscrições de confiança em cujo encontro com o semelhante está a matriz de garantia.

A construção psíquica rasurada desses analisandos encontra nos atos as manifestações de dor que se configuram em incríveis ataques ao corpo, alteram o significado do outro nas relações pelo predomínio de uma ironia que desconcerta,

do sadismo que provoca, da idealização que submete e também enraivece, enfim, esse ato- dor que maltrata a integridade do si mesmo. O cenário traumático da vivência de indiferença é tanto o ponto de origem do padecimento como da intensidade que movimenta a repetição do ato-dor.

"Sou como uma fruta estragada em uma cesta: é apenas uma questão de tempo e todas as outras frutas estarão também estragadas..." É assim que Ana apresenta a si mesma na imagem de estrago e de contágio.

As interpretações do analista, tão fecundas à associação livre dos analisandos neuróticos, aqui não surtem o menor efeito e sentido. A escuta exige outro trabalho, trata-se da necessidade de reconhecer a intensidade presente e sintonizá-la aos efeitos desses excessos experimentados em vivências de indiferença.

"Consegues imaginar uma criança triste?", interroga insistentemente Ivo, "vejo as minhas fotografias de criança e está ali uma criança triste. Como pode uma criança triste?" É possível que estas perguntas revelem um bebê-menino vestido até os dois anos de idade como uma menina para que a mãe pudesse minimizar sua frustração pela não realização do desejo de ter uma filha. "Muitas vezes em frente ao espelho me pergunto: quem eu sou?"

Espera-se que o analista não tenha resposta às interrogações do analisando, mas que o possa pensar na complexidade das vivências que o analisando experimentou, jamais em uma linearidade empobrecida de causa e efeito, mas sim por meio de um trabalho via inscrições a serem modificadas na autorização à escolha em ocupar outros lugares nas atuais relações com o outro. Transformam-se, dessa forma, os ruídos atordoantes da vivência de indiferença em produções de sentido a si mesmo. *Independer* do efeito de apropriação do outro e *pensar-se* no presente para *reconhecer-se* em uma perspectiva própria de futuro. Analista e analisando na construção de projetos reconhecem a legitimidade de investimento no devir, isso é Psicanálise. O processo de análise tem a presença da atividade de Tânatos, no entanto, o trabalho de análise conta também com a inegável potencialidade transformadora de Eros. O analisando mostra suas inibições, seus sintomas, sua angústia, seu sofrimento, seus atos, mas, sem dúvida, também mostra seus recursos.

anotações

anotações

Equivoca-se o analista que pensa os recursos do analisando em critérios teóricos, em referências patológicas ou alcances da técnica; os recursos do analisando são utilizados no vigor da singularidade. A prerrogativa do trabalho do analista é manter-se *aberto* à produção teórica, à complexidade do analisando, ao constante desalojar que provêm da clínica. Acredita-se que também a "formação" do analista se desenvolva *em aberto* às tramitações que desalojam certezas, tanto em relação à teoria como em relação às intervenções engessadas. A teoria dá fundamento à prática da Psicanálise, no entanto o alicerce está no *sujeito* que o analista é. O analisando precisa encontrar o *outro* para evitar o encontro com o grande A... nalista.

A elasticidade criativa do analista passa pela sua curiosidade em descobrir não só o encoberto pelo inconsciente, mas também a novidade em recursos que o ego lastimado ignora. O analista precisa deixar-se invadir pelo que define Castoriadis (1997) como *criação imaginária*, sendo que, nesse contexto, "imaginária, evidentemente, não significa fictícia, ilusória, especular, mas posição de formas novas, e posição não determinada, mas determinante; posição imotivada, da qual não pode dar conta uma explicação causal, funcional ou inclusive racional" (p. 195). É esse sempre possível "devir" o dispositivo que mantém a esperança *na* e *da* Psicanálise.

Psicanalisar alude a intervir em um campo no qual o desprazer, o sofrimento e a dor marcam presença importante via limitações, restrições e empobrecimento impostos ao sujeito. Portanto, quando na clínica psicanalítica surgem referências a um *devir* na vida do analisando, os recursos colocados em ação na escuta da dor psíquica não podem prescindir da condição de dar acolhida às reflexões a respeito do *devir* da própria Psicanálise. Como bem afirma Green (2010) o analista não pode abrir mão de ser clínico, "mas um clínico que possa pensar como pensa a clínica" (p. 33).

Ao encerrar este livro, reafirma-se o que está nas linhas e nas entrelinhas desenvolvidas até aqui. Nosso compromisso com a Psicanálise permite tomar de empréstimo palavras de um psicanalista que efetivamente garante a condição essencial para a existência do devir, ou seja, reconhece o valor de um legado que mais do que permitir, potencializa investimentos naquilo que não está dado por completo. Dessa forma, "situamo-nos definitivamente, depois de Freud, mas ainda permanecemos junto a ele para perguntarmo-nos por nosso saber" (Green, 2010, p. 19).

Logo, este livro trata de perguntas. E não são as perguntas testemunhos do devir?

anotações

REFERÊNCIAS BIBLIOGRÁFICAS

Castoriadis, C. (1997). *El avance de la insignificancia.* Buenos Aires: Eudeba.

Green, A. (2010). *El pensamento clínico.* Buenos Aires: Amorrortu.

impressão acabamento
rua 1822 nº 341
04216-000 são paulo sp
T 55 11 3385 8500
F 55 11 2063 4275
www.loyola.com.br